¡FANTASTICO!

¡FANTASTICO!

ACTIVITIES FOR CREATIVE COMMUNICATION

Stephen A. Sadow

NORTHEASTERN UNIVERSITY

Heinle & Heinle Publishers, Inc.
Boston, Massachusetts 02116 U.S.A.

Publisher: Stanley J. Galek
Editorial Director: Kristin Swanson
Production Editor: Vivian Novo MacDonald
Assistant Editor: A. Marisa French
Production Manager: Erek Smith
Production Coordinator: Patricia Jalbert
Internal design: Lisa Delgado
Cover illustration and design: Jean Craig-Teerlink
Art Director: Len Shalansky
Illustrators: Chris Schaeffer, Lynne Foy

Manufactured in the U.S.A.
ISBN: 0-8384-1646-2

10 9 8 7 6 5 4 3 2 1

✳ **P R E F A C E** ✳

As the title suggests, *¡Fantástico!* is just that: a book full of excitement and fantasy. Utilizing the alchemy of the language classroom, *¡Fantástico!* mixes reality and make-believe, emotional reaction and critical thought, fun and social concern. Everything—cover, layout, artwork, text—is motivational and designed to make students want to communicate orally and in writing. *¡Fantástico!* provides students with an enormous variety of opportunities for practicing Spanish. They can use their imagination, express their feelings and opinions, and even take chances, in a context that implicitly supports their efforts.

¡Fantástico! can be equally successful in university, high school, and continuing education classrooms. It can be used in fourth-, fifth-, or sixth-semester college courses or fourth-year and advanced-placement high school classes.

¡Fantástico! offers students multiple benefits, including:

- ◆ an emphasis on interaction and production
- ◆ practical, functional tasks in creative settings
- ◆ development of creative and critical-thinking skills
- ◆ inclusion of proficiency-related situations
- ◆ flexibility across chapters and within each chapter
- ◆ multiple exercises allowing teachers and students to focus on what they like best

Throughout, *¡Fantástico!* promotes interaction as a way to achieve increased facility in language use. Students' attention is focused on conveying and receiving authentic messages. In pairs, small groups, and whole class activities, they simultaneously develop and refine their ideas and their language skills. From the start, language learning in *¡Fantástico!* is collaborative, with students using Spanish to reach group solutions that are satisfactory to all involved. Together, they compare childhood memories, put on a flea market, create a planned community, give advice, interview, argue and more. The focus is on production. Practice is structured so that students approach a theme from many different perspectives. A continual recycling of related ideas through a chapter necessarily leads to the same words and phrases being reused with greater and greater ease.

Focus on Tasks

Most of the activities are task oriented. Students are given a problem to solve or a job to complete during a specified period of time. The task may be tied to reality, as in a visit to a Hispanic market, or the world of make-believe, as in the rewriting of a children's book. In many cases, the line between fantasy and reality is intentionally blurred. The need to complete the task obligates language use, for the answers cannot be found in the book. The students must negotiate meaning for themselves on the way to reaching their conclusions.

Creative Thinking

¡Fantástico! provokes creative thinking by providing problems and situations which are tightly structured and sufficiently ambiguous to allow for many responses. These problems provide a "frame" upon which students can hang their own ideas; they proceed from the known to the unknown. Through role-play, students tackle problems that they would not usually have to face. The questions themselves entail a skewed version of reality. The situations are recognizable but at the same time humorous or a bit strange. For instance, students are told that they are about to graduate from a fortune telling academy; they must first pass their final exam in card reading. In another case, they must find the meaning hidden in a long-lost artifact.

Critical Thinking

¡Fantástico! stimulates critical thinking through activities which require students to present arguments and rebuttals, to persuade and to analyze, and to gather and interpret cultural data. Rather than being limited to practicing survival skills as is common at this level, students use analytical skills which include forming appropriate questions and testing the validity of what is presented to them. Working in pairs, they try to convince their partners to move to a different part of the country or to eat a more healthful diet. They sell paint to a resisting buyer and ask insistent questions to an evasive politician.

Proficiency-related Situations

While not an oral proficiency text *per se*, *¡Fantástico!* contains many elements that conform well to the methods and goals of the proficiency movement. Correlating well with a proficiency-based curriculum at the intermediate levels, *¡Fantástico!* includes personalized questions, dialogue/story adaptation, creating a story with visuals, describing objects and processes, paired interviews, group consensus/problem-solving, role-plays, guided description/narration, and asking related questions. Tasks dealing with writing include: descriptions with visuals, elaboration, guided description and narration, composition based on interview, daily journals and diaries, and guided and free composition. Moreover, language functions are practiced in each chapter.

Flexibility

¡Fantástico! is an extraordinarily flexible text. It can serve as a supplement to a grammar review, a literary anthology, or a cultural reader. It contains enough material for approximately forty-three class hours and

can serve as the basic text in a conversationally oriented course. By providing more material than most instructors would want to use, *¡Fantástico!* offers teachers the ability to create their own course. By picking from what is available, they can adjust the text to match the needs of a particular class or comply with a time constraint. In the *Visita cultural, Presentaciones, Escuchar,* and *Actividades* sections, teachers can pick from a number of alternative activities. Since the chapters are independent and of equal difficulty, they can be rearranged to match the order of another text.

Numerous Activities

¡Fantástico! contains a very large number of activities from which to choose. There are approximately twenty-five distinct activities in each chapter and more than two hundred and fifty in the book as a whole. Some can be completed in a few minutes; others take most of a class period. The majority are done in class, while others entail out-of-class writing and even excursions away from campus.

Chapter Organization

The ten sections of each chapter lead students from reality-based questions to creativity and fantasy and then back to the real world at a more sophisticated level. Each chapter progresses from the personal to the abstract.

Visita cultural

Wherever feasible, the Hispanic community becomes a workshop for hands-on cultural research. This section of the chapter outlines specific tasks for students to carry out while they explore the Hispanic community. In many parts of the United States, students can visit Hispanic stores, restaurants, and churches; they can easily obtain periodicals in Spanish or watch Spanish-language television and movies. Even where no formal community exists, foreign students from Hispanic countries are often available as sources of information about their countries and cultures. Using every available resource, students complete tasks such as cooking an Hispanic meal or collecting weather reports from the Andes and the Pyrenees. Since the *Visita cultural* is independent from the rest of the chapter, it can be omitted if the activities are not practical in a given community.

Vocabulario

In this text, vocabulary is a tool rather than an end in itself. There are no long lists of words for students to master before they can do what is asked of them. Instead, useful words are suggested to the students. In each chapter, there are lists of theme-related words which are intended principally to jog student memories and to give them a few new lexical items to play with.

Opiniones y experiencias

A humorous and thought-provoking illustration introduces the chapter theme. This cartoon-like picture makes a statement about politics, the theater, eating habits, space exploration or whatever the chapter's subject may be. Class discussion begins with the students interpreting the picture and relating it to their own experience.

The rest of the questions in the section are personal and affective in nature. Students are asked to tell their preferences on issues like how to spend their time or their opinions of movie stars.

Situaciones animadas

Here language functions are emphasized. Through repeated practice with set expressions, students become more effective when they need to evaluate, contradict, interrupt or carry out other such functions. This section is implemented systematically. First two or more related or contrasting functions are introduced and explained. Set phrases for each function are presented. For instance, phrases like *Hablando de…* help students enter into and direct conversations; *Yo que Ud….* are useful when they make warnings, give advice or offer suggestions. Then, with the teacher directing, the class does a simple practice exercise in which all students have a chance to participate. A slightly exaggerated scenario follows. In it, two people find themselves at cross-purposes or unexpectedly needing to collaborate. One interviews; the other won't answer directly. One tries to make a sale; the other resists the offers. Using the set phrases, the students, working in pairs, role-play the characters.

Presentaciones

Speaking to an audience of their classmates, students give short, prepared oral presentations. Assigned beforehand, the topics are an extremely varied mix of affective, personal, imaginative, and analytical subjects. Choosing from a list, students compose advertising for fictitious businesses, do and explain magic tricks, or just recount personal experiences. *Realia*, which forms the basis for one of the *presentaciones*, prompts a different sort of conversation. The theater page from a South American newspaper is used to plan a week's entertainment. With an authentic elementary school report card, students explain how they would have done in that school.

Escuchar

Available free to instructors upon request is a cassette which contains ten taped passages, all between one and three minutes in duration. Played in the classroom, each of these segments will prompt both a speaking and a writing activity. The text of the tape has been kept simple though not unnatural.

All of the scenes were semi-scripted by native speakers and employ authentic and spontaneous patterns of speech. The gist of the segments, if not every word, will be available to most students. What is heard will act to trigger what is to be done. Guided by the tape and some limited instructions in the chapter itself, students decide on a dinner menu or how to complete a political speech. They write a letter describing a party or a newspaper article describing mysterious events.

Actividades

In these activities, unusual problems—in which reality is slightly distorted—generate intense interaction and divergent thinking. Each activity begins with a problem statement which outlines the parameters of the issues involved. A new restaurant needs a certain type of menu. A lackluster candidate is desperate for a fiery electoral campaign. Speakers are needed at a retirement party. In each case, the situation is vaguely familiar, but the names, places, and other details are unexpected. Miraculously transformed into experts of some sort, the students must resolve the dilemma in a definite period of time. The students may have to recreate history and literary forms, sell odd objects, debate conservation measures, or give toasts and other short speeches. In each case, many outcomes are possible. These small group activities form the heart of *¡Fantástico!*

Many of these activities are done in groups of four to six students. Introduced to a process widely known as "brainstorming," students quickly understand that by producing more ideas, however outlandish, they improve their ability to respond to the problem at hand. Ideas build on ideas and gradually the less useful ones are discarded. Any logical response to the problem is considered acceptable.

Por escrito

Devoted entirely to writing, this section provides practice in creative and critical thinking and reinforces concepts and language presented earlier in the chapter. There are three independent sub-sections which call for three different types of writing. The *En clase* exercises ask students, while sitting in class, to write all they can about a suggested topic. Like "freewriting" used in English composition courses, these practices put more importance on fluency than on accuracy. They are intended to make students more comfortable with writing in a foreign language. In short response papers, students predict their own futures, describe their favorite sport, or sell the furniture in the classroom. Sometimes, they simply write down a list of free associations.

The *Fuera de clase* section contains many suggestions for more developed writing. Many of these make use of forms and genre which are well-known to students. Indirectly, the topics draw upon the students' life-long reading experience. Fictitious editors ask students for short stories, travel accounts, and one-act plays with happy endings.

In the *Diario*, students can record what they do and what they observe. They can write directly in the book. In each chapter, they are urged to concentrate on anything related to the chapter theme that may have happened to them. The results of their cultural investigations can also be described in the diary. For students, the diary becomes an on-going personal account of their encounter with Spanish, this course, and the world at large. Anecdotes and observations found in these diaries can provide source material for extended compositions.

Anselmo y Cristina

Anselmo and Cristina Bermúdez are a fictional Hispanic couple who have come to the United States to pursue graduate studies. Recently arrived, they encounter the problems that typically face newcomers. They must get settled, find the best places to shop, and learn about the political system. Later on, they become curious about finding entertainment, and buying appropriate gifts for relatives back home. They need to know how to act in confusing social situations and would like to get to know the area in which they are living. Anselmo and Cristina ask the students for advice in all these matters and more.

Anselmo y Cristina provides a format for students to talk about what they know best. The activities are structured so that by coming up with solutions for the couple, they must discuss many aspects of American culture. Working in pairs or small groups, students examine American commerce, recreation, social services, and even etiquette.

Preguntas

The thought-provoking questions of the *Preguntas* sections cause students to re-examine the chapter topic from a different perspective. Calling for critical thinking skills, these questions make clear that the work done up to this point was not frivolous, even if it was fun. For instance, students are asked why ethnic restaurants are popular, what is the social function of movie stars, and what is the role of honesty in business.

✻

Capítulo preliminar/Capítulo 10, Festividades

A special preliminary chapter helps students adjust to a style of learning that may be very new for some. There is a "getting-to-know-you" exercise, a helpful bibliography, and shortened versions of several segments that will repeat in later chapters. Anselmo and Cristina are introduced; they need instant help. Students try out some bits of writing. *Festividades*, the final chapter of *¡Fantástico!*, differs also from the other chapters in that it celebrates the students' own accomplishments. Interacting constantly since the *Capítulo preliminar*, they know each other rather well and can appreciate and enjoy their mutual accomplishments.

Summing up

Wilga Rivers has written that, "Part of the teacher's art is to create, or stimulate the student creation of, the types of situations in which interaction naturally blossoms and in which students can use for actual communication what they have been learning in a more formal fashion. In this way, they are already engaging in the central activity for which language is used in human relations."* *¡Fantástico!* contains many, many such situations. It is hoped that both students and teachers alike find this book truly *¡fantástico!*

Please write or call with your comments on *¡Fantástico!* to Stephen Sadow care of Heinle & Heinle Publishers, Inc., 20 Park Plaza, Boston, MA 02116, 1-800-237-0053.

✳

Stephen A. Sadow (Ph.D., Harvard University) is an Associate Professor of Spanish at Northeastern University in Boston and a 1982 recipient of the University's Excellence in Teaching Award.

A methodologist, Sadow's research interests include the application of creativity-stimulating techniques to language teaching and the developing of experiential ways for teaching culture. His book *Idea Bank: Creative Activities for the Language Class* (Newbury House, 1982), a teacher reference, is used worldwide. Besides contributing a chapter on imaginative activities to *Interactive Language Teaching*, edited by Wilga M. Rivers (Cambridge University Press, 1987), Sadow has published relevant articles in *Foreign Language Annals*. A member of American Council on the Teaching of Foreign Languages, American Association of Teachers of Spanish and Portuguese, Modern Language Association, Massachusetts Foreign Language Association and "Sine Nomine in Boston," Sadow is also a frequent conference speaker.

*Wilga M. Rivers, ed. 1987. *Interactive Language Teaching*. Cambridge, U.K.: Cambridge University Press, p. 4.

* A C K N O W L E D G E M E N T S *

I have been extremely fortunate to have had the enthusiastic backing of people who believed in this project and didn't hesitate to say so. Friends on both American continents were generous with emotional support and practical advice. They tried out my ideas in their classes, collected realia, and even helped when the computer was recalcitrant.

Deserving special thanks are: Marta Rosso-O'Laughlin; Ricardo, Susana, Lili, and Dani Feierstein; Kitty and Anselmo Barcia; Holbrook Robinson; Ricardo Aguilar; Joan Manley; Sylvia Rodsky; Jenifer Burkett-Picker; Jon Spencer; Joan Perkins; Lilia Wyskowsky; Gustavo Rosemblat; Ellen Gorman; Constance Rose; Sarah Heller; Rita Schneider; Rick Levy; and Neil Larsen.

Words of encouragement from my reviewers also made a big difference. Frank and professional, they let me know how I was doing. When they cheered, I knew I was on my way. Those who reviewed ¡Fantástico! at various stages of development are:

Mark Bates, University of Kansas
Francisco Cabello, Southern Oregon University
Malcolm Compitello, Michigan State University
Stephen Corbett, Texas Tech University
Eileen Glisan, Indiana University of Pennsylvania
Raquel Halty-Pfaff, Simmons College
Carol Klee, University of Minnesota-Twin Cities
James Lee, University of Illinois
Joy Renjilian-Burgy, Wellesley College
Judith Shrum, Virginia Polytechnical Institute and State University
Maureen Weissenreider, Ohio University
Barbara Wing, University of New Hampshire

Raquel Halty-Pfaff, Francisco Cabello, and Vivian Novo MacDonald, who checked the manuscript for authenticity of expression, did so with great care and a genuine interest.

At Heinle & Heinle, Stan Galek believed in the project even before I did and never waivered. Janet Dracksdorf got me started. Kris Swanson guided me in turning a bunch of ideas into a textbook and, along the way, helped me to be more creative than I ever thought I could be. Marisa French smoothly took care of the details. Vivian Novo MacDonald handled production matters with consummate skill and infectious enthusiasm.

Finally, I would like to thank my wife Norma, the most creative teacher I've ever met, for the many invaluable ways in which she helped, no matter the hour, while *¡Fantástico!* grew from conception to birth.

* C O N T E N I D O *

CAPITULO PRELIMINAR

✳ VISITA CULTURAL ✳

Con ¡*Fantástico!* Ud. va a hacer una serie de "visitas" a la cultura hispana. Va a comer su comida, leer su prensa y ver su cine. Si hay una comunidad hispana cercana, Ud. va a explorar una tienda y observar una ceremonia religiosa en español.

Antes de una visita a otra cultura es preciso informarse. Ud. entenderá mucho más de lo que ve, lee y experimenta si anteriormente ha consultado los libros adecuados. He aquí algunos libros que le ayudarán a prepararse para sus encuentros con la cultura hispana.

- ◆ Aguilar, Luis, ed. *Latin America*. Washington, D.C.: Stryker-Post Publications. (Se publica anualmente.)
- ◆ Bair, Frank. *Countries of the World*. Detroit: Gale Research Co. (Se publica anualmente.)
- ◆ Borjas, George J. and Marta Tienda, eds. *Hispanics in the U.S. Economy*. Orlando: Academic Press, 1985.
- ◆ *Fodor's Guides*. N.Y.: McKay. (Se publica cada tantos años.)
- ◆ Foster, David W. *Sourcebook of Hispanic Culture in the United States*. Chicago: American Library Association, 1982.
- ◆ *Hispanic Sourcebook*. U.S. Bureau of the Census. U.S. Government Printing Office. 1983.
- ◆ Jones, D.B., ed. *Oxford Economic Atlas of the World*. London: Oxford University Press, 1972.
- ◆ *The South American Handbook*. London: Trade and Travel Publications. (Se publica anualmente.)
- ◆ Thompson, Wayne C. *Western Europe*. Washington, D.C.: Stryker-Post Publications. (Se publica anualmente.)
- ◆ Urbanski, Edmun S. *Hispanic America and its Civilizations*. Oklahoma City: University of Oklahoma Press, 1978.

Investigue Ud. las bibliotecas universitarias y públicas de esta región. Familiarícese con algunos de los libros de la lista. Fíjese también en cuáles revistas y periódicos hispanos reciben y cuáles películas, cintas magnetofónicas y discos hispanos tienen.

*

OPINIONES Y EXPERIENCIAS

. . . **1.** ¿Cómo interpretaría Ud. el dibujo? ¿En qué le hace pensar?
. . . **2.** ¿En qué situaciones es Ud. más imaginativo(a)? ¿Cómo le sirve la imaginación?
. . . **3.** ¿En qué situaciones prefiere Ud. lo fantástico a lo real? ¿Cuándo es más valioso emplear la
     creatividad y la fantasía?

SITUACIONES ANIMADAS

En *¡Fantástico!*, Ud. encontrará muchas expresiones y frases que le ayudarán en sus conversaciones.* En los capítulos siguientes, Ud. practicará cómo **pedir instrucciones** y cómo **dar instrucciones**, cómo **insistir** y cómo **cambiar de tema**, y también cómo **discutir** y cómo **contradecir**.

Practiquemos con una expresión que se usa para introducir en la conversación información o una opinión que se cree pertinente: "hablando de _____." Por ejemplo, si el(la) Estudiante A dice, "Hay muchas rosas este año," el(la) Estudiante B contesta, "Hablando de rosas, mi mamá es una experta jardinera y sabe mucho acerca de cómo se cultivan."

Ahora, uno(a) de Uds. — el(la) Estudiante A — debe hablar de la fantasía y de la imaginación. El(la) Estudiante B debe empezar con "hablando de" y agregar algo relacionado con el tema mencionado. Cada estudiante que sigue debe usar "hablando de" con su propia información relacionada. Este modelo se va a repetir hasta que todos los estudiantes hayan participado. Por ejemplo, pueden empezar así:

El(la) Estudiante A: Prefiero los cursos en los que puedo usar la imaginación.

El(la) Estudiante B: **Hablando de** _____.

El(la) Estudiante C: **Hablando de** _____.

* En *¡Fantástico!* se da sólo la forma correspondiente a Ud. a menos que sea requerido el tuteo por el contenido de la situación a continuación.

*

❋

PRESENTACIONES

Preséntese brevemente a la clase (o a un grupo de ocho estudiantes o más). En su presentación, incluya: 1. su nombre; 2. lo que más le interesa en este momento (no es necesario que el tema sea escolar ni profesional); 3. alguna experiencia que quisiera tener en el futuro.

ACTIVIDADES

antástico! está lleno de actividades que se hacen en grupos. Todos los miembros del grupo participan en la solución del problema o en la formación del plan; todos son responsables.

¡Ahora, practiquemos! Divídanse en grupos de tres estudiantes. Es preferible que no se conozcan. Dos estudiantes entrevistan al(a la) tercero(a). Para conocerlo(la) mejor, deben empezar con preguntas como:

> ¿Cómo te llamas?
> ¿De dónde eres?
> ¿Dónde vives ahora?
> ¿Qué estudias?
> ¿Trabajas? ¿Dónde?
> ¿Cuáles son tus pasatiempos?
> ¿Por qué estudias español?
> ¿Cómo es tu familia?
> ¿Usas el español fuera de clase?

Luego, deben investigar con más profundidad con preguntas como:

> ¿Qué planes tienes para este semestre? ¿Las próximas vacaciones? ¿El futuro?

¿Qué te gusta explorar? ¿Qué lugares? ¿Qué ideas?
¿Qué político(a) admiras? ¿Qué actor o actriz? ¿Qué maestro(a) o profesor(a)?
¿Hay un misterio o problema que te fascina?

Uno(a) de los entrevistadores debe tomar apuntes. Después de terminar esta entrevista, los otros dos estudiantes le hacen preguntas al(a la) que acaba de tomar apuntes. Luego, los dos que ya han contestado las preguntas entrevistan al(a la) estudiante que queda. No se olviden de tomar apuntes.

Cuando todo el mundo haya sido entrevistado, la clase se reunirá de nuevo. Rápidamente, cada persona es presentada a la clase por los otros estudiantes de su grupo. Los compañeros de clase pueden hacerles preguntas.

HABLANDO ENTRE AMIGOS

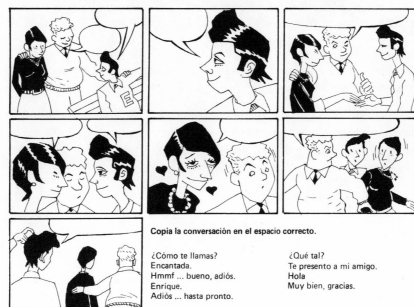

Copia la conversación en el espacio correcto.

¿Cómo te llamas?
Encantada.
Hmmf ... bueno, adiós.
Enrique.
Adiós ... hasta pronto.

¿Qué tal?
Te presento a mi amigo.
Hola
Muy bien, gracias.

ⓟOR ESCRITO

Ⓔn *¡Fantástico!*, Ud. tendrá muchas oportunidades de mejorar la fluidez con que se expresa por escrito. Habrá composiciones escritas en la clase y muchas más de tarea. En estos ensayitos, habrá lugar para todas sus habilidades creadoras. Es probable que los temas sean distintos a los que Ud. está acostumbrado(a).

Cada vez que Ud. escriba, aunque sea un sólo párrafo, le ayudará seguir una serie de etapas. Le servirá a Ud. este proceso:

- ◆ pensar en y recoger todas sus ideas sobre el asunto
- ◆ poner sus ideas en orden lógico
- ◆ coleccionar el vocabulario que va a necesitar y hacer listas de palabras relacionadas
- ◆ escribir libremente sin corregir y empezar de nuevo cuando sea necesario
- ◆ corregir más tarde o al día siguiente, si es posible, y leer su composición críticamente
- ◆ copiar la composición

Ahora, por unos minutos, Ud. va a escribir. Cuente todo lo que Ud. va a hacer mañana. Si no tiene planes hechos, o no sabe exactamente lo que hará, invente los detalles.

ⒶNSELMO y ⒸRISTINA

Anselmo y Cristina Bermúdez son una joven pareja hispana que ha venido aquí para emprender sus estudios de posgrado. Anselmo y Cristina son simpatiquísimos y muy amables. Son serios pero a la vez les gusta divertirse. Tienen muchas ganas de conocer a otros estudiantes y hacerse muchos amigos.

Como son nuevos aquí, van a depender de los consejos de los residentes sobre el barrio, las diversiones, las gangas y las costumbres. En cada capítulo, les van a pedir ayuda a Uds. Les estarán agradecidos por sus ideas y advertencias. Puesto que Anselmo y Cristina llegaron hace solamente cuatro días, tienen muchísimo que hacer. Necesitan establecerse rápidamente en esta comunidad. Han encontrado un apartamento pero todavía no tienen teléfono ni muebles y les falta mucho más que hacer. Saben muy poco de las costumbres y prácticas locales. Se sienten muy solos.

Anselmo y Cristina les agradecerían mucho si les pudieran dar una lista de lo que tienen que hacer en los próximos días para orientarse y establecerse en una nueva cultura.

De a dos o en grupito, hagan una lista para Anselmo y Cristina. Agreguen a la lista tareas relacionadas a la casa, la escuela y la comunidad.

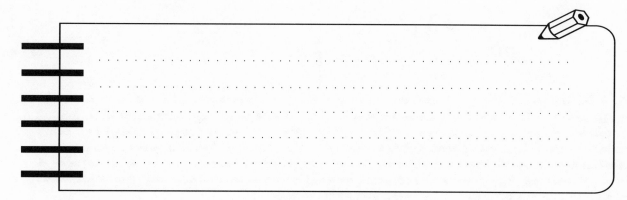

A. Para muchos de Uds., el español no es un idioma hablado por gente desconocida en un lugar remoto. Es la lengua de sus propios vecinos o compañeros de clase. Si bien hay enormes comunidades hispanas en Nueva York, Miami y Los Angeles, también hay comunidades más chicas en Central Falls, Rhode Island y Sudbury, Ontario. Dispersos por toda Norteamérica, los hispanos mantienen su comida, sus fiestas, sus diarios — su manera de vivir. Y además, hay muchos estudiantes extranjeros que han venido de países hispanos para estudiar en escuelas y universidades norteamericanas.

La tarea de Ud. es descubrir y analizar la presencia hispana en su región. Para algunos esta presencia será obvia; para otros será más difícil encontrarla. En algunos lugares, sólo habrá estudiantes extranjeros; ellos le pueden servir como representantes del mundo hispano.

Si hay una comunidad hispana cercana, Ud. debe investigar:

- ◆ **cuántos hispanos viven en esta ciudad o región.**
- ◆ **dónde viven específicamente.**
- ◆ **qué empleos o carreras tienen.**
- ◆ **dónde están los centros comerciales; qué tiendas hay.**
- ◆ **dónde están los centros de ayuda social.**
- ◆ **cuáles son los programas de radio y de televisión.**

Las Exploraciones

Se debe buscar cualquier muestra de la presencia hispana. Haga una lista de etiquetas y formularios en español o bilingües, letreros y avisos en español, diarios y revistas, ceremonias religiosas en español, y otras cosas que Ud. encuentre. Traiga la lista a la clase.

Si no hay una comunidad hispana cercana, Ud. debe investigar:

- de dónde vienen los estudiantes extranjeros.
- por qué eligieron esta escuela o universidad.
- qué estudia la mayoría.
- cuáles son sus planes para el futuro.

Luego, Ud. puede comparar sus observaciones con las de sus compañeros de clase.

B. Hable con un(a) estudiante extranjero(a) acerca de su país. Hágale preguntas generales sobre la geografía, la economía y el sistema político. ¿Qué mezcla racial y de clases hay? ¿Cómo es la comida y la ropa? ¿Cuáles son los lugares de interés y de belleza?

❋

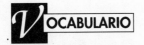

VOCABULARIO

He aquí palabras que serán útiles cuando Ud. hable o escriba acerca de las exploraciones.

el(la) agente de viajes, el alojamiento *(lodging)*, el alquiler *(rental)* de coches, el billete de ida y vuelta *(round trip ticket)*, el equipaje *(luggage)*, la circular *(travel folder)*, la guía *(guidebook)*, el(la) guía *(guide)*, el asiento de ventana (de pasillo) *(window, aisle seat)*, la azafata *(flight attendant)*, la comida de abordo *(inflight meal)*, el despegue *(takeoff)*, el aterrizaje *(landing)*, la excursión *(tour)*

la cordillera *(mountain range)*, el mar, el océano, el litoral *(the coast)*, los llanos *(plains)*, la pradera *(prairie)*, el lago, la colina *(hill)*, el canal, el río, el salto *(waterfall)*

consultar, confirmar, reservar, revisar*(to inspect)*, alquilar *(to rent)*, subir a bordo*(to get on board)*, despegar*(to take off)*, aterrizar *(to land)*

OPINIONES Y EXPERIENCIAS

. . . **1.** ¿Cómo interpretaría Ud. el dibujo? ¿En qué le hace pensar?
. . . **2.** ¿Querría ser astronauta Ud.? ¿Por qué sí o por qué no?
. . . **3.** ¿Se considera Ud. una persona aventurosa? ¿Por qué?
. . . **4.** ¿Le gusta más hacer sus exploraciones física o intelectualmente? ¿Por qué?
. . . **5.** ¿Qué descubrimiento personal o psicológico ha hecho Ud. recientemente?

❋

＊

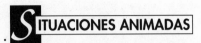

pedir instrucciones; dar instrucciones

*C*uando se viaja, cuando se está en un lugar desconocido, o cuando se hace algo nuevo, es necesario **pedir instrucciones**. Cuando se encuentra a un(a) viajero(a) o a un(a) extranjero(a) o se trata de enseñarle algo a alguien, es preciso **dar instrucciones** claras y prácticas. Siguen algunas expresiones que le ayudarán a ser más eficaz cuando pregunte o explique algo.

Para pedir instrucciones	Para dar instrucciones
Perdón.	Para empezar,…
Disculpe.	Escúcheme.
¿Me podría (+ verbo)…?	Recuerde que…
¿Conoce Ud.…?	Luego,…
¿Decía Ud. que…?	Espere un momento.
Repita, por favor.	No se olvide que…
¿Dónde queda…?	¿Por qué no…?
¿Hay otra alternativa?	Cuando…
Más despacio, por favor.	Es muy importante que (+ subjunctivo)…
¿Y luego?	Tenga cuidado cuando…

Véanse también las expresiones para **interrumpir** en la página 132.

En parejas van a practicar a **pedir** y a **dar instrucciones**. El(la) Estudiante A debe preguntar cómo encontrar cosas que están en la sala de clase. El(la) Estudiante B debe dar las instrucciones necesarias.

EJEMPLO

El(la) Estudiante A: Perdón, ¿**me podría dirigir** a un bolso de mano verde?

El(la) Estudiante B: **Para empezar,** debe leventarse y caminar dos pasos a la izquierda.

＊

Luego, los próximos dos estudiantes toman su turno haciendo el papel de A y B mientras el resto de la clase escucha. Así siguen hasta que todos hayan participado. Cuando hablen, Uds. deben emplear la lista de expresiones que se encuentran en la página 12.

Ahora, con las mismas expresiones, Uds. van a pedir y a dar instrucciones en una situación más compleja.

Al llegar a la ciudad de San Felipe, Sergio Arieti va directamente a la oficina de turismo. Consigue un mapa de la ciudad, pero rápidamente se da cuenta de que sin la ayuda de una persona que conozca la ciudad, él se perdería con demasiada frecuencia. Con cierta urgencia, le pide ayuda a Vivian Delgado, quien está sentada en la mesa de información. Vivian es paciente y conoce bien la ciudad pero a veces no es completamente clara en sus explicaciones. Le sugiere a Sergio una excursión en San Felipe. Un poco nervioso, Sergio la interrumpe a menudo para estar seguro de que la entiende.

Con un(a) compañero(a), represente la conversación que pudieran haber tenido Sergio y Vivian. Con el mapa de San Felipe por delante de Uds. planeen una excursión bastante completa de la ciudad. La excursión debe incluir, por lo menos, un museo, un lugar turístico típico de San Felipe, un jardín zoológico, un teatro, y un café frecuentado por artistas y poetas.

Durante la conversación, cada persona debe tratar de usar las expresiones de la página 12 y el vocabulario siguiente, si es necesario.

Palabras y expresiones útiles:

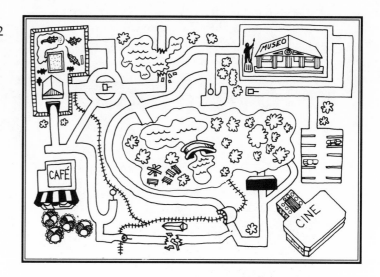

a la izquierda	el puente
a la derecha	el semáforo
ir o seguir	la esquina
derecho	el oeste
subir	el norte
bajar	el sur
doblar	el este
¿A cuántas	el letrero
cuadras está?	

 RESENTACIONES

. . . .

. . . **A.** Traiga a la clase un recuerdo *(souvenir)* que Ud. haya guardado de un viaje que ha hecho. Explique qué es, bajo qué circunstancias lo adquirió y la importancia que tiene para Ud.

. . . **B.** Describa la geografía — los ríos, las colinas, las montañas, la costa — de una región que es muy distinta de aquí. Es probable que muchos de sus compañeros de clase no la conozcan, así que descríbela en detalle. Si puede, traiga a la clase algunas fotos o un mapa de la región.

. . . **C.** Explique cómo se hace un experimento científico (de una ciencia natural o social) en que Ud. haya participado.

. . . **D.** Describa las experiencias que tuvo cuando Ud. estaba aprendiendo a emplear o manejar una computadora, un coche, un acuaplano *(surfboard)*, una motocicleta u otro objeto que Ud. haya empezado a usar recientemente.

. . . **E.** Ud. es un(a) guía de turismo en Ciudad Estanislao. Basándose en lo que Ud. ve en estas fotos, explíqueles a sus compañeros por qué deben visitar la ciudad.

ESCUCHAR

. . . .

*P*ronto saldrán los resultados del Gran Concurso. Es posible que Uds. hayan ganado el premio—un estupendo viaje de aventuras. Ofrecen no un sólo viaje sino dos. Si Uds. son los ganadores, tendrán que escoger uno de ellos. Así que consideren con mucho cuidado las ventajas y desventajas de cada viaje.

He aquí algunas palabras que les ayudarán a entender el anuncio: senderos *(paths)*, rumbos *(directions)*, abismos *(abysses)*, murciélagos *(bats)*, quemaduras *(sunburn)*.

Ahora escuchen y tomen apuntes.

Para discutir

En parejas, decidan adónde preferirían ir y por qué. Si al principio no están de acuerdo, traten de llegar a un compromiso porque hay un sólo premio. Piensen también en qué querrían explorar en el lugar que eligen.

Para escribir

Ud. ha hecho el viaje que Ud. eligió. Escriba un artículo para la sección de viajes en un periódico hispano en el cual Ud. describe lo que vio y exploró.

ACTIVIDADES

. . . .

A. Un problema antiguo

*E*l Museo de Antigüedades de esta ciudad acaba de recibir un paquete misterioso. Obviamente viene de muy lejos; probablemente fue mandado por uno de los muchos arqueólogos o exploradores que participan en los varios estudios patrocinados por el museo. Pero la etiqueta está completamente ilegible. Cuando abrieron el paquete, encontraron el artefacto que se ve a continuación.

Desafortunadamente, los museólogos no pueden identificarlo. Puesto que saben que Uds. son expertos en antigüedades, especialmente las que vienen de lugares lejanos y desconocidos, les piden a Uds. que identifiquen el objeto y expliquen sus usos, su historia, su valor, su importancia religiosa, y sus poderes mágicos (si los tiene).

Divídanse en grupos de cuatro a seis expertos. Deben elegir un(a) secretario(a) que tome apuntes. Más tarde, les presentarán las identificaciones y explicaciones a sus compañeros de clase.

B. Diario de a bordo

La lluvia era tan intensa el último día del viaje que Uds., exploradores intrépidos, no podían ver las proas de las canoas. Sin embargo, seguían bogando. Valió la pena; al cesar la lluvia, Uds. vieron que habían logrado su propósito — habían encontrado la fuente del río Gía-Gía. Fue un viaje maravilloso y tremendo. Uds. pasaron las montañas del Tan, las cascadas de Iliwapi, y el desierto de Ritenauer (nombrado así por el explorador que lo descubrió). Uds. experimentaron hambre, sed y enfermedad, pero así y todo, llegaron a la fuente del río.

Con todo, resulta que hay un problema grave. ¡El diario del viaje se cayó al agua! Uds., viajeros con memorias agudísimas, necesitan recomponer la historia del viaje.

Divídanse en grupos de cuatro a seis exploradores. Deben elegir un(a) secretario(a) que tome apuntes. Cada grupo recompondrá su propio diario. Siguiendo el orden de trayecto, describan las maravillas que han visto y la belleza y fealdad del paisaje por el que acaban de pasar. Noten especialmente los descubrimientos que Uds. mismos hicieron y los animales y pájaros que vieron. Vendría muy bien que dibujaran un mapa de la región que atravesaron. Pongan todos los detalles posibles. Luego, cada grupo presentará su diario a los compañeros de clase.

Recuerden, la historia que escriben debe estar llena de aventuras y descripciones y debe seguir el orden del viaje.

C. Visítennos pronto

A pesar de su ubicación en las Montañas Púrpuras, sus edificios antiguos y la cordialidad de su gente, el pueblo de Las Alturas nunca ha atraído a muchos turistas. Los pocos turistas que sí llegan allá no saben cómo aprovechar las atracciones del lugar.

El comité de turismo de Las Alturas ha decidido remediar la situación. Va a fomentar más publicidad, pero cree que ésta por sí sola no será suficiente. Según el comité, se necesita una guía de viajero al pueblo y sus alrededores. Pero no quieren que sea como las muchas que ya hay. Su guía debe reflejar las cualidades especiales del pueblo.

Puesto que no hay en Las Alturas una persona que sea experta en escribir guías, los altureños les piden a Uds., editores y escritores de libros de viajes, que creen una guía para ellos.

Divídanse en grupos de cuatro a seis escritores. Cada grupo debe elegir un(a) secretario(a). Compongan la guía. Debe contener:

- una descripción del pueblo, su arquitectura, su historia y su gente
- una descripción del paisaje
- los lugares y las rutas de interés cerca del pueblo
- los centros deportivos
- los lugares poco conocidos
- los restaurantes
- las rutas que llegan al pueblo
- los hoteles y los albergues (*lodges*)
- los días feriados y otras fechas y celebraciones especiales
- las costumbres locales

Escriban la guía de tal modo que atraiga a la gente. Pongan en relieve (*emphasize*) las cualidades especiales de Las Alturas. Luego, tendrán la oportunidad de mostrarle su guía a la clase.

En clase

. . . **A.** Planee el viaje que Ud. siempre ha tenido ganas de hacer. Puede ser un viaje a otra parte del estado, a otra parte del país, a otros países o aun a otros planetas. Mencione los lugares que Ud. visitará y qué hará cuando llegue allí.

. . . **B.** Describa en detalle un lugar cerca de aquí o de su casa que Ud. conoce bien.

Fuera de clase

. . . **A.** Escriba la tarjeta postal que Cristóbal Colón pudiera haberle escrito desde Cuba, en 1492, a Luis de Santángel, un amigo que se quedó en España. Diseñe también la ilustración que habría aparecido en la otra cara de la tarjeta.

. . . **B.** Los editores de la revista *Geográfico* siempre buscan artículos sobre países o lugares poco o nada conocidos. Le piden a Ud., viajero(a) con mucha experiencia, que escriba un artículo que describa un sitio remoto y fascinante. No importa si su descripción no es del todo veraz. Nadie se dará cuenta.

. . . **C.** Si Ud. pudiera viajar al pasado, ¿cuál época visitaría? Describa qué haría Ud. en este momento histórico cuando llegara.

. . . **D.** Hay descubrimientos que no son tan conocidos como el del átomo o el del espacio. A veces esas actividades son de más importancia práctica que las otras. Describa cómo debe haber sido el descubrimiento de la rueda, la cometa *(kite)*, el sujetapapeles *(paper clip)*, o las tijeras. Mencione de dónde vino la idea original, qué problemas hubo en el proceso de descubrimiento y cómo los resolvieron.

*A*note las aventuras interesantes y las experiencias importantes que Ud. ha tenido recientemente. Describa en detalle lo que le pasó, cómo se sintió y de qué se enteró. Ponga en relieve los lugares y las ideas que Ud. exploró y mencione lo que ha leído sobre exploraciones y descubrimientos en campos como la geografía, la medicina y la física.

Si Ud. ha hecho una investigación cultural, puede anotar las respuestas aquí. Si ha hablado con un(a) estudiante extranjero(a) acerca de su país, resuma lo que le dijo a Ud.

Después de escribir en su diario, elija las secciones que querría mostrarle a un(a) compañero(a) de clase. En parejas, léanlas y compárenlas.

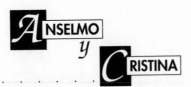

Durante su estancia aquí, Anselmo y Cristina quieren llegar a conocer bien a la gente y las costumbres de esta zona. Por ahora, sin embargo, quieren ser turistas e investigar los lugares especiales y únicos que existen por aquí.

Les agradecerían a Uds. si les pudieran indicar:

- ◆ una casa histórica
- ◆ algunos edificios de interés arquitectónico
- ◆ algunos edificios viejos que recientemente han sido renovados
- ◆ algunas estatuas
- ◆ un parque que tiene muchos pájaros
- ◆ un lugar muy pintoresco
- ◆ una fábrica que produce un producto poco común
- ◆ un puente interesante

Con un(a) compañero(a) o un grupito, haga una lista para Cristina y Anselmo. Agregue otras sugerencias que pueden ayudarles a apreciar esta región.

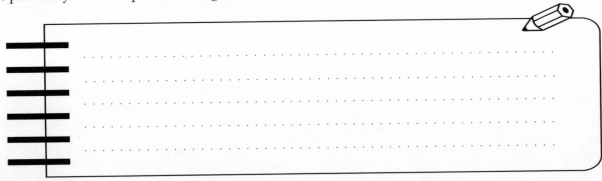

PREGUNTAS

. . . **1.** ¿Por qué se hacen viajes de descubrimiento? ¿Qué tipo de persona se decide a ser explorador(a)? · ¿Por qué aguantan tanto los exploradores? ¿Por qué se gasta tanto en exploraciones?

. . . **2.** Los libros de viaje y de descubrimiento siempre han sido populares. ¿Por qué?

. . . **3.** En la historia del mundo, ¿cuáles cree Ud. que han sido los diez descubrimientos más importantes? En este siglo, ¿cuáles han sido los tres más importantes?

. . . **4.** ¿Qué tienen los científicos en común con los exploradores? ¿Qué diferencias hay?

. . . **5.** ¿Quiénes son los exploradores más importantes de este siglo en el campo de la geografía? ¿Las ciencias naturales? ¿La medicina? ¿Qué características personales tienen muchas de estas personas?

. . . **6.** ¿Qué exploraciones se hacen hoy en día? Si no todas son científicas, ¿cuáles otras hay?

. . . **7.** ¿Qué queda por explorar en el mundo?

. . . **8.** ¿Cuáles serán los descubrimientos científicos de la próxima década?

. . . **9.** ¿Qué exploraciones y descubrimientos hacemos todos en la vida cotidiana?

. . . **10.** ¿Cuáles son los efectos del turismo sobre las regiones visitadas? ¿Qué beneficios trae el turismo? ¿Qué perjuicios puede causar al lugar y a la gente que vive allí?

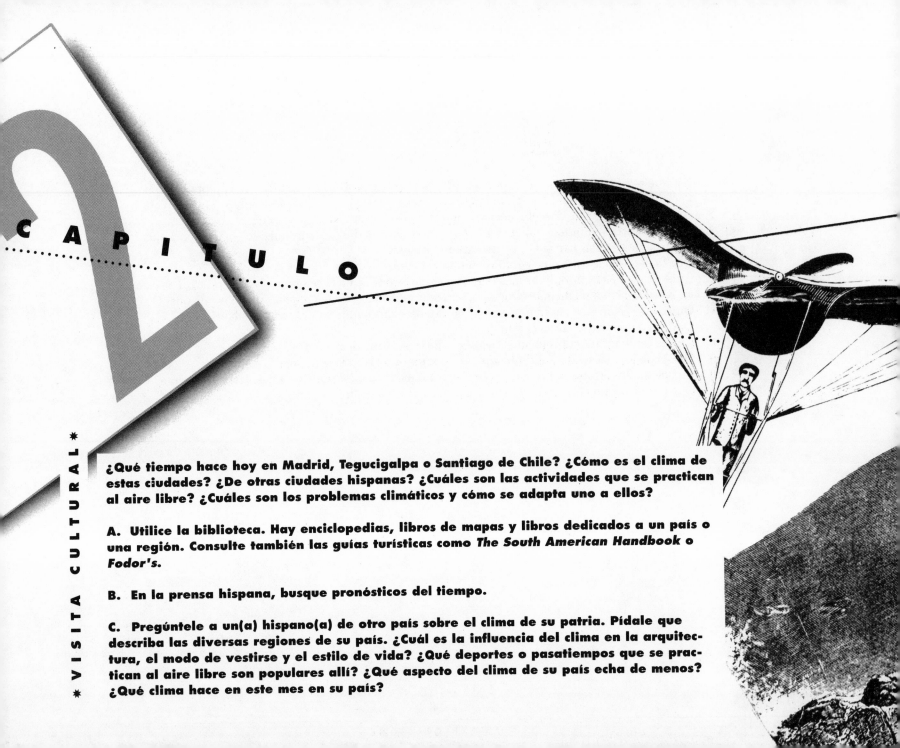

CAPITULO 2

¿Qué tiempo hace hoy en Madrid, Tegucigalpa o Santiago de Chile? ¿Cómo es el clima de estas ciudades? ¿De otras ciudades hispanas? ¿Cuáles son las actividades que se practican al aire libre? ¿Cuáles son los problemas climáticos y cómo se adapta uno a ellos?

A. Utilice la biblioteca. Hay enciclopedias, libros de mapas y libros dedicados a un país o una región. Consulte también las guías turísticas como *The South American Handbook* o *Fodor's.*

B. En la prensa hispana, busque pronósticos del tiempo.

C. Pregúntele a un(a) hispano(a) de otro país sobre el clima de su patria. Pídale que describa las diversas regiones de su país. ¿Cuál es la influencia del clima en la arquitectura, el modo de vestirse y el estilo de vida? ¿Qué deportes o pasatiempos que se practican al aire libre son populares allí? ¿Qué aspecto del clima de su país echa de menos? ¿Qué clima hace en este mes en su país?

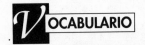

VOCABULARIO

He aquí palabras que le serán útiles cuando Ud. hable o escriba sobre el tema de este capítulo.

la gota de lluvia, el copo de nieve *(snowflake)*, el hielo, el granizo *(hail)*, la tormenta, el rocío *(dew)*, el trueno *(thunder)*, el relámpago *(lightning)*, el grado *(degree)*, la avalancha, la tempestad de nieve *(blizzard)*, la inundación *(flood)*, la llovizna *(drizzle)*, la sequía *(drought)*, la neblina *(fog)*, el huracán, la cellisca *(sleet)*, la granizada *(hailstorm)*, el medio ambiente *(environment)*

el esquí acuático, el "surfing", el buceo *(skin diving)*, montar en bicicleta, el picnic, el tiro al arco *(archery)*, la pesca *(fishing)*, el esquí, caminar, escalar las montañas, la jardinería *(gardening)*, montar a caballo *(horseback riding)*, el camping, navegar en canoa

congelarse *(to freeze)*, derretirse(i) *(to melt)*, calentarse(ie) *(to warm oneself, to get warm or hot)*, florecer

nublado *(cloudy)*, despejado *(clear)*, húmedo, asoleado *(sunny)*

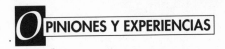

OPINIONES Y EXPERIENCIAS

. . . **1.** ¿Cómo interpretaría Ud. el dibujo? ¿En qué le hace pensar?

. . . **2.** ¿Qué clima le gusta a Ud. más? ¿Qué clima le disgusta a Ud. más?

. . . **3.** ¿Cómo le afecta a Ud. el clima? ¿Determina en parte su estado emocional? ¿Influye en sus decisiones?

. . . **4.** ¿Cuáles son las actividades que Ud. practica al aire libre? ¿Dónde las practica?

. . . **5.** Si Ud. tuviera que elegir entre un trabajo al aire libre y otro que se hace adentro y los dos le ofrecieran el mismo sueldo, ¿cuál aceptaría? ¿Por qué?

SITUACIONES ANIMADAS

sugerir; comentar sobre una sugerencia

Con las sugerencias se ofrecen nuevas ideas y posibilidades de acción. Cuando una persona le sugiere un plan o una idea a otra, muchas veces es aceptado de buena voluntad. Pero a menudo la sugerencia no es recibida de buena gana. Al contrario, la idea es comentada, modificada, o aun rechazada. Estas expresiones le ayudarán ser más eficaz con las sugerencias.

Para sugerir

¿Por qué no?
¿No le(te) parece que…?
¿No pensó(pensaste) que…?
¿Qué tal si…?
¿Piensa(s) que…?
Yo le(te) diría que…
Vamos a considerarlo de esta manera…

Para comentar sobre una sugerencia

Sí, pero…
Buena idea, pero…
Puede ser, pero…
No sé, pero…
No es así, es…
No diga(s) pavadas. (más fuerte)
No sea(s) absurdo. (más fuerte)
¿No me diga(s)? (irónico)

Véanse también las expresiones para **evaluar** y para **contradecir** en la página 84.

En parejas van a practicar cómo **hacer una sugerencia** y cómo **comentar sobre una sugerencia** que otra persona le hace. El(la) Estudiante A debe proponer una actividad en que los dos puedan participar durante el fin de semana próximo. El(la) Estudiante B debe comentar sobre la idea propuesta.

EJEMPLO

El(la) Estudiante A: ¿**Por qué no** vamos a la playa?

El(la) Estudiante B: **Buena idea, pero** me han dicho que va a llover.

Luego, los próximos dos estudiantes toman su turno haciendo el papel de A y B mientras el resto de la clase escucha. Así siguen hasta que todos hayan participado. Cuando hablen, deben usar las expresiones que se encuentran en la página anterior.

Ahora, usando las mismas expresiones, van a practicar a sugerir y a comentar en una situación más compleja.

Silvia Paloalto y Aída Arbusto son amigas desde hace muchos años. Pero durante todo ese tiempo no han vivido nunca en el mismo lugar. Han decidido que por fin quieren estar juntas. Pero hay un problema. Cada una cree que el clima en la región donde vive es perfecto. No quiere trasladarse; de hecho, quiere que la otra se traslade.

Silvia vive en un lugar donde el clima es casi perfecto. Hace sol más de trescientos días al año y cuando llueve es una lluvia suave. La temperatura oscila entre los 50° y los 80°F(10°-27°C). Nunca nieva y casi nunca se ve hielo o niebla.

Aída vive en un lugar en que hay cuatro estaciones bien distintas. En verano hace mucho calor: son comunes las temperaturas de 90°F(32°C). En invierno hace bastante frío con temperaturas de aproximadamente 20°F(-7°C) y a veces bajo 0°(-18°C). Hay todo tipo de tormenta — aguaceros, nevascas, aun uno o dos huracanes todos los años.

Silvia y Aída discuten el asunto. Cada una le hace sugerencias a la otra. Y cada una no pierde tiempo en comentar la sugerencia y ofrecer su propia solución.

En parejas, representen la discusión que pudieran haber tenido Silvia y Aída. Hagan sugerencias. Comenten y contesten con otras razones. Si prefieren pueden llegar a un arreglo. Durante la conversación, deben usar las expresiones de la página anterior.

PRESENTACIONES

. . . **A.** Relate una experiencia que Ud. tuvo con un ciclón, un huracán, una inundación, una sequía u otro ejemplo de extremos climatológicos.

...**B.** Dé instrucciones sobre cómo cultivar un jardín en este clima. ¿Cuáles plantas se deben elegir? ¿Cuándo se deben sembrar las semillas o plantar? ¿Hay técnicas especiales para esta región?

...**C.** Explique un deporte o pasatiempo practicado al aire libre. O, si Ud. prefiere, explique una técnica que se emplee en una de estas actividades. Muestre el equipo — guantes, bates, raquetas — que se usa en esta actividad.

...**D.** Planee un sábado de tarde al aire libre para sus compañeros de clase. Elija el lugar y la hora. Haga una lista de bocadillos *(snacks)* y refrescos. Sugiera algunas actividades y juegos. Dígales a sus compañeros qué deben llevar y cómo deben vestirse.

...**E.** Consultando estos pronósticos de clima como guía, conteste las preguntas que los siguen.

Palabras útiles

borrasca *(storm)*
anticiclón *(low pressure system)*
nubosidad *(cloudiness)*
disfrutar *(to enjoy)*
aguaceros *(showers)*

leve *(light)*
nudos *(knots, nautical measure)*
oleaje *(height or surge of waves)*
marejada *(ground swell)*
mareas altas *(high tides)*

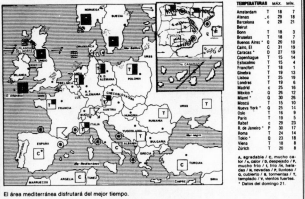

TEMPERATURAS		MÁX.	MÍN.
Amsterdam	T	18	7
Atenas	c	29	18
Barcelona	c	28	21
Beirut			
Bonn	T	18	3
Bruselas	T	18	7
Buenos Aires*	Q	20	10
Cairo, El	C	31	19
Caracas*	D	27	19
Copenhague	T	15	14
Estocolmo	T	15	4
Francfort	T	18	1
Ginebra	T	19	13
Lisboa	T	25	19
Londres	T	19	6
Madrid	c	25	16
México	Q	26	12
Miami	T	30	25
Moscú	T	15	10
Nueva York *	Q	25	14
Oslo	T	16	9
París	T	19	5
Rabat	T	29	23
R. de Janeiro *	P	30	17
Roma	T	24	14
Tokio *	Q	23	18
Viena	T	18	8
Zürich	T	20	8

A, agradable / c, mucho calor / c, calor / D, despejado / F, mucho frío / f, frío / H, heladas / N, nevadas / P, lluvioso / Q, cubierto / S, tormentas / T, templado / V, vientos fuertes.
* Datos del domingo 21.

El área mediterránea disfrutará del mejor tiempo.

el tiempo

Pronóstico general

Parcialmente nublado con aguaceros dispersos y tronadas aisladas. Temperatura máxima cerca de 82 grados en el interior a cerca de 93 en la costa oeste. Temperatura mínima cerca de 68 grados en el interior a cerca de 78 grados en las costas.

Pronóstico local

SAN JUAN y VECINDAD: Parcialmente nublado con 50 por ciento de probabilidad de aguaceros y tronadas de tarde. Temperatura máxima cerca de 90 grados. Vientos del este de diez a 15 millas por hora.

PONCE y SECCION SUR: Parcialmente nublado con 20 por ciento de probabilidad de aguaceros y tronadas de tarde. Temperatura máxima cerca de 82 en el interior y cerca de 93 en la costa. Vientos del sureste de diez a 15 millas por hora.

MAYAGüEZ, OESTE e INTERIOR: Mayormente nublado con 50 por ciento de probabilidad de aguaceros y tronadas de tarde. Temperatura máxima cerca de 82 grados en el interior a cerca de 92 grados en la costa. Vientos del este de diez a 15 millas por hora.

La Luna se mantiene en su fase de cuarto creciente. El sol salió hoy a las 5:47 a.m. y se pondrá a las 6:59 p.m.

Vientos del este, leves y variables y de cerca de 15 nudos. Oleaje cerca de dos pies. Marejadas del este cerca de cuatro pies.

Las mareas altas se registrarán hoy a las 1:18 a.m. y 12:03 p.m.; las bajas ocurrirán a las 5:37 a.m. y 7:36 a.m.

Tiempo inestable

J. L. RON

Iniciamos la semana con buen tiempo en la Europa occidental, afectando las precipitaciones solamente al noroeste de la Unión Soviética, Finlandia, Noruega y Suecia.

Pero el miércoles una borrasca situada sobre Islandia se acerca a las Islas Británicas, desplazando el anticiclón que llevaba una semana estacionado sobre el archipiélago.

Por tanto, el miércoles será un día de espera en el cambio de la situación atmosférica. El jueves inicia su penetración un frente por el oeste de Irlanda, y que ese mismo día producirá precipitaciones en el norte de las Islas Británicas. En Francia, un nuevo sistema frontal producirá alguna llovizna débil, así como en Suiza. El mejor tiempo corresponderá al área mediterránea.

Nos situamos hacia finales de semana, con precipitaciones en el archipiélago británico, Noruega, Suecia, noroeste de Francia y Dinamarca. Por el contrario, las altas presiones y la escasa nubosidad dominarán la atmósfera en la Europa oriental y mediterránea. El fin de semana traerá lluvias y abundante nubosidad en Irlanda, Reino Unido, Dinamarca, Suecia, Noruega, norte de Francia, Alemania y norte de Polonia.

Los fuertes vientos del Oeste harán inútil el paraguas en las Islas Británicas. La mitad sur de Europa, Unión Soviética, Rumania, Hungría, Yugoslavia y Bulgaria disfrutarán con un fin de semana seco con temperaturas suaves.

La próxima semana se inicia con pocos cambios, precipitaciones y fuerte viento del Sur en el archipiélago británico, Noruega, Suecia, Dinamarca y Holanda.

Tiempo seco y estable en el resto del continente, debido a la presencia de dos fuertes anticiclones, uno centrado al noreste de la Unión Soviética y otro sobre Austria y Checoslovaquia.

En lo concerniente a España la inestabilidad del cambio de estación dará paso a un tiempo soleado desde el jueves hasta primeros días de la semana entrante, con temperaturas agradables y cielos despejados.

Europa

· · · **1.** ¿Es ésta una buena semana para tomarse unas vacaciones en Europa? ¿En qué parte?

· · · **2.** A Ud. le gusta pescar. Dicen que los pescadores tienen más suerte cuando el tiempo es malo — en la lluvia, la llovizna, o cuando está nublado. Ud. quiere planear una vacación para pescar. Basándose en este pronóstico, ¿adónde iría en primer, segundo, tercer y cuarto lugar? Defienda sus selecciones.

Puerto Rico

· · · **1.** ¿Cuál sería la mejor hora para ir a la playa en San Juan?

· · · **2.** ¿Para cuáles horas se deben hacer planes para estar adentro?

· ·

*U*nos amigos suyos que viven en otra parte del país están de visita en su casa este fin de semana. Uds. tienen la responsabilidad de organizar actividades para entretenerlos mientras que están aquí. A ellos tanto como a Uds. les gusta pasar mucho tiempo al aire libre, y por eso, es necesario que Uds. escuchen el pronóstico del tiempo para este fin de semana. Afortunadamente es posible llamar al servicio meteorológico en español y escuchar una cinta. Escuchen bien el pronóstico para cada día para poder hacer planes específicos para el jueves, el viernes, el sábado y el domingo.

Ahora escuchen la cinta meteorológica y tomen apuntes.

Para responder

En parejas, planeen por lo menos cinco actividades para este fin de semana. Basándose en el pronóstico del tiempo para cada uno de los días, elijan actividades adecuadas.

Para escribir

En una carta a un(a) amigo(a) que no pudo estar con Ud. durante el fin de semana, descríbale todo lo que pasó, y como Uds. se divirtieron. Explique cómo el tiempo afectó los planes.

A. Cuatro vientos

$\mathcal{E}$n Barlovento últimamente, el pronóstico del tiempo ha sido un desastre. El satélite que transmite información internacional está descompuesto y los programas de radio de onda corta a menudo no se oyen bien. Para colmo de males, Horacio Robinson, el jefe del departamento de meteorología, renunció a su puesto por una disputa con el Ministerio de Transporte. Los otros pronosticadores no tienen la experiencia necesaria para entender el clima variable e inconstante de Barlovento.

La crisis empeora con cada día que pasa. El Jefe de Estado de Barlovento, su excelencia Bernardo Rodríguez, les pide a Uds., meteorólogos expertos, que le hagan un pronóstico para Barlovento.

Divídanse en grupos de cuatro a seis pronosticadores. Cada grupo debe elegir un(a) secretario(a).
Recuerden que el líder de Barlovento quiere saber qué clima hará mañana y los tres días siguientes. También les agradecería si le dieran una idea general del tiempo de los próximos tres meses. Cuando Uds. trabajen, deben tener presente el hecho de que Barlovento tiene cuatro regiones distintas — la costa selvática, los llanos fértiles, el desierto y la cordillera. Vendría bien que dibujaran un mapa meteorológico. Lo pueden dibujar sobre el mapa de Barlovento en esta página. Luego, le presentarán sus pronósticos a la clase.

B. Continuidad de los parques

Después de mucho debate, el gobierno de Barlovento ha decidido establecer un sistema de centros deportivos en las cuatro regiones del país — la costa selvática, los llanos fértiles, el desierto, y la cordillera. Serán como pequeños parques nacionales y tendrán todas las instalaciones necesarias para los deportes apropiados a cada región. Quieren acentuar unas actividades nuevas, creadas especialmente para el terreno y el medio ambiente de Barlovento.

El Ministro de Desarrollo, el Sr. Raimundo Solís, les invita a Uds., grandes deportistas, que sugieran un plan para uno o más de los centros deportivos.

Divídanse en grupos de cuatro a seis deportistas-consultores. Cada grupo debe elegir un(a) secretario(a). Los grupos pueden planear hasta cuatro centros e inventar un (o más) deporte(s). El plan debe mencionar los deportes que se practicarán en los parques y qué instalaciones tendrán que ser construídas. También deben describir un deporte nuevo que se puede iniciar en uno de los parques. Recuerden que: 1. el gobierno está dispuesto a gastar mucho en este proyecto; 2. la Sociedad para la Defensa de la Ecología de Barlovento (SDEB) es muy poderosa — todo plan tendrá que tener presente la protección del medio ambiente. Más tarde, les presentarán sus proyectos a los compañeros de clase.

C. El tiempo a su gusto

Hasta el momento, los esfuerzos científicos por controlar el clima raramente han tenido éxito. La siembra *(seeding)* de las nubes y el Superdome representan unas respuestas mínimas a las fuerzas de la naturaleza.

Claramente se necesitan ideas nuevas acerca de cómo regular el clima. Sería enormemente útil saber cómo:

- ◆ disipar la niebla que cubre las costas por gran parte del año.
- ◆ explotar el poder energético de un ciclón o un huracán.
- ◆ retener el rocío.
- ◆ utilizar la granizada.
- ◆ encontrar ventajas en otras condiciones atmosféricas.

Divídanse en grupos de cuatro a seis estudiantes. Cada grupo debe elegir un(a) secretario(a). Deben recoger todas las soluciones, realistas e imaginarias, de cómo controlar el clima. Busquen especialmente ideas que sean diferentes o nuevas. Luego, se las presentarán a sus compañeros de clase.

✳

En clase

. . . **A.** Describa el clima ideal en que Ud. consideraría pasar unas vacaciones de dos semanas. ¿Adónde iría? ¿Qué haría al aire libre? ¿Qué ropa llevaría?

. . . **B.** Describa en detalle un día de su vida en que el tiempo jugó un papel importante. Explique por qué el tiempo tuvo tanta influencia sobre lo que pasó.

Fuera de clase

. . . **A.** En la isla de Serafín, siempre hace un tiempo magnífico. Componga propaganda que atraiga a aun más turistas. Mencione las muchas maneras de divertirse al aire libre en Serafín.

. . . **B.** En la Isla de Rocas siempre hace un tiempo horrible. Componga propaganda que atraiga a unos cuantos turistas. Explique cómo uno(a) puede divertirse a pesar del mal tiempo.

. . . **C.** Escriba el guión *(script)* para Rocío Areco, la meteoróloga del canal 2 de la televisión. Dé el pronóstico para esta noche, mañana y el fin de semana próximo. Recuerde que Rocío Areco es famosa por su sentido del humor.

. . . **D.** Describa el mundo desde el punto de vista de una nube, un copo de nieve o un relámpago. Hable como si estas cosas tuvieran cualidades humanas. Cuente sus reacciones.

✳

＊

Anote las aventuras interesantes y las experiencias importantes que Ud. ha tenido recientemente. Describa en detalle lo que le pasó, cómo se sintió y de qué se enteró. Ponga en relieve sus reacciones al tiempo ambiental y mencione los deportes y pasatiempos que Ud. practicó al aire libre.

Si Ud. se ha familiarizado con el clima de los países hispánicos, apunte algunos de los hechos más importantes. Si ha hablado con un(a) hispano(a) del clima de su país y cómo influye sobre la vida allí, resuma lo que Uds. hayan discutido.

Después de escribir en su diario, elija las secciones que querría mostrarle a un(a) compañero(a) de clase. En parejas, léanlas y compárenlas.

Anselmo y Cristina son unos deportistas ávidos e intrépidos. Tienen sus deportes predilectos — el esquí y el buceo — y siempre están listos para probar deportes que no sean ridículamente peligrosos. Prefieren pasar mucho tiempo al aire libre; les gustan todos los climas con tal que no sean demasiado inclementes. Por lo general, prefieren los deportes que no requieren equipos, pero de vez en cuando participan en un partido o "match".

Les agradecerían a Uds. si les pudieran informar sobre:

- ◆ cuáles deportes y actividades se practican en esta región; cuáles son los predilectos y los que menos gustan; cuáles no se pueden practicar o son muy caros aquí.
- ◆ dónde se practican los distintos deportes y actividades; dónde hay canchas de tenis, piscinas, clubes de equitación, lugares para acampar, botes, pistas *(tracks)*.
- ◆ dónde y cómo se consigue el equipo necesario para los deportes regionales.
- ◆ qué clubes hay; cómo se hace uno socio(a); cuánto cuestan.
- ◆ qué excursiones hay que vayan a los mejores lugares para esquiar, acampar y bucear.
- ◆ cuándo son las temporadas de los deportes veraniegos e invernales.
- ◆ qué ropa especial se necesita para participar en los deportes de esta región.

Con un(a) compañero(a) o en grupito, lleguen a un acuerdo sobre cómo se les debe contestar a Cristina y Anselmo.

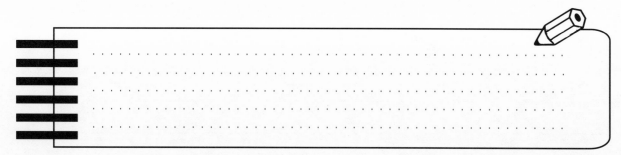

✳

PREGUNTAS

. . . .

. . . **1.** ¿Por qué se discute tanto acerca del clima?

. . . **2.** ¿Cómo influye el clima en la vida? ¿Cuál es la relación entre la arquitectura y el clima? Dé ejemplos. ¿Cuál es la relación entre la moda *(fashion)* y el clima? Dé ejemplos.

. . . **3.** Hay personas que están orgullosas del clima de su región. Hablan de esto en cualquier oportunidad. ¿Por qué les importa tanto?

. . . **4.** Hay personas que prefieren acampar cuando hace -20°F(-29°C) y correr un maratón cuando hace más de 90°F(32°C). ¿Cuál es la atracción de deportes que se practican en condiciones extremas?

. . . **5.** ¿Cuáles son algunas industrias y negocios que dependen de un aspecto del clima de su región? ¿Cómo se adaptan cuando el clima no les conviene?

. . . **6.** El aire acondicionado ha sido una invención de enorme importancia. ¿Cómo ha influído sobre la vida moderna el aire acondicionado? ¿Cómo sería la vida si no existiera?

. . . **7.** ¿Está de acuerdo Ud. con los siguientes puntos de vista? Explique su posición.

    a. Se puede decir que hace buen tiempo solamente si el cielo está despejado y la temperatura es de 74°F(23°C).

    b. El clima controla el humor de la gente. Si hace mal tiempo, la mayoría está deprimida.

    c. Los que viven donde el clima es duro son más fuertes y trabajan más.

    d. Los pasatiempos que se practican al aire libre son más saludables que los que se practican adentro.

✳

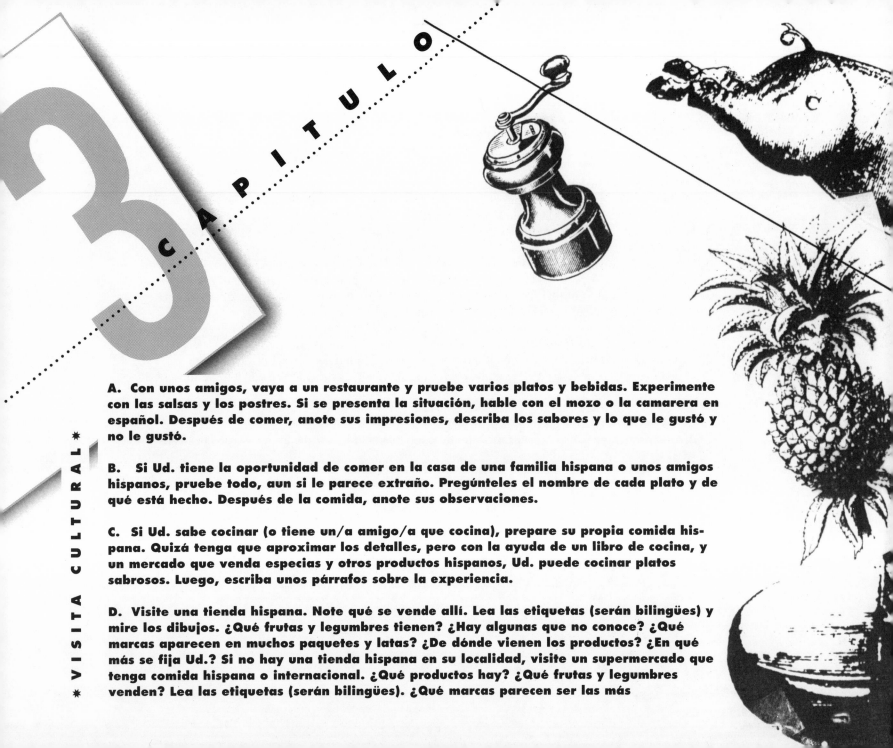

3

CAPITULO

VISITA CULTURAL

A. Con unos amigos, vaya a un restaurante y pruebe varios platos y bebidas. Experimente con las salsas y los postres. Si se presenta la situación, hable con el mozo o la camarera en español. Después de comer, anote sus impresiones, describa los sabores y lo que le gustó y no le gustó.

B. Si Ud. tiene la oportunidad de comer en la casa de una familia hispana o unos amigos hispanos, pruebe todo, aun si le parece extraño. Pregúnteles el nombre de cada plato y de qué está hecho. Después de la comida, anote sus observaciones.

C. Si Ud. sabe cocinar (o tiene un/a amigo/a que cocina), prepare su propia comida hispana. Quizá tenga que aproximar los detalles, pero con la ayuda de un libro de cocina, y un mercado que venda especias y otros productos hispanos, Ud. puede cocinar platos sabrosos. Luego, escriba unos párrafos sobre la experiencia.

D. Visite una tienda hispana. Note qué se vende allí. Lea las etiquetas (serán bilingües) y mire los dibujos. ¿Qué frutas y legumbres tienen? ¿Hay algunas que no conoce? ¿Qué marcas aparecen en muchos paquetes y latas? ¿De dónde vienen los productos? ¿En qué más se fija Ud.? Si no hay una tienda hispana en su localidad, visite un supermercado que tenga comida hispana o internacional. ¿Qué productos hay? ¿Qué frutas y legumbres venden? Lea las etiquetas (serán bilingües). ¿Qué marcas parecen ser las más

LAS COMIDAS

importantes? Si favorece la comida de un país en particular, ¿cuál es? Compre algo que Ud. jamás haya comido y pruébelo. Escriba unos párrafos sobre su experiencia.

E. Lea los anuncios de comida en un periódico hispano. Fíjese en cuáles son las especialidades. ¿Hay gangas? ¿Son diferentes estos anuncios de los de la prensa en inglés? Escriba un párrafo sobre sus observaciones.

F. Hable con un(a) hispano(a) de la comida de su país o región. Pregúntele a qué hora se come, cuáles son las comidas cotidianas y las de los días feriados. Hágale preguntas sobre los restaurantes, cafés y otros lugares donde se sirve comida.

*V*OCABULARIO

He aquí palabras que le serán útiles cuando Ud. hable o escriba acerca de la comida.

el sartén *(frying pan)*, la cazuela *(pot)*, el horno *(oven)*, la estufa *(stove)*, la llama *(flame)*, la cuchara *(spoon)*, el tenedor *(fork)*, el cuchillo *(knife)*

hervir *(to boil)*, freír *(to fry)*, cocer al horno *(to bake)*, batir *(to beat)*, mezclar *(to mix)*, sazonar *(to season)*

dulce *(sweet)*, amargo *(sour)*, salado *(salty)*, delicioso, baboso *(slimy)*, duro *(tough)*, tierno *(tender)*

Carnes
el bistec (biftec), la carne molida *(chopped meat)*, la chuleta de cordero *(lamb chop)*, la chuleta de puerco *(pork chop)*, la chuleta de ternera *(veal chop)*, el jamón, el chorizo *(sausage)*, el pato *(duck)*, el pavo *(turkey)*, el pollo *(chicken)*, el tocino *(bacon)*, el venado *(venison)*

Pescados y mariscos
la almeja *(clam)*, la ostra *(oyster)*, el bacalao *(cod)*, el salmón, el pez espada *(swordfish)*, el atún *(tuna)*

Legumbres
los frijoles *(beans)*, el brócoli, la col *(cabbage)*, el apio *(celery)*, el maíz, el pepino *(cucumber)*, la berenjena *(eggplant)*, los hongos *(mushrooms)*, los guisantes *(peas)*, la batata *(sweet potato)*

Frutas
la manzana *(apple)*, el albaricoque *(apricot)*, el aguacate *(avocado)*, la banana, el melón, la cereza *(cherry)*, el arándano *(cranberry)*, el dátil *(date)*, el higo *(fig)*, la toronja o el pomelo *(grapefruit)*, las uvas *(grapes)*, el limón, el limón verde *(lime)*, la naranja *(orange)*, el durazno o el melocotón *(peach)*, la piña *(pineapple)*, la ciruela *(plum)*, la granada *(pomegranate)*, la frambuesa *(raspberry)*, las fresas *(strawberries)*, la mandarina *(tangerine)*, la sandía *(watermelon)*

Panes y los pasteles
el pan blanco *(white bread)*, el pan de centeno *(rye)*, el pan integral *(whole wheat)*, el panecillo *(roll)*, el pastel *(pie or cake)*, los pasteles *(pastry)*, la torta *(cake)*, la nata batida *(whipped cream)*

 PINIONES Y EXPERIENCIAS

. . . .

. . . **1.** ¿Cómo interpretaría Ud. el dibujo? ¿En qué le hace pensar?

. . . **2.** ¿Come Ud. a menudo en McDonald's, Burger King, Wendy's, Kentucky Fried Chicken u otros restaurantes del mismo estilo? ¿Por qué sí o por qué no?

. . . **3.** ¿Cuál es su comida preferida? ¿Cuál es su bocadillo *(snack)* preferido? ¿Hay comidas que Ud. no comería aun si tuviera mucha hambre?

. . . **4.** ¿Le interesa mucho la comida? ¿Vive Ud. para comer o come para vivir?

. . . **5.** ¿Sabe Ud. cocinar? ¿Cómo aprendió a hacerlo? ¿Tiene una especialidad? Si Ud. pudiera abrir un restaurante, ¿qué serviría?

SITUACIONES ANIMADAS

discutir; poner en duda un argumento

*E*n una discusión sobre un tema, es útil argumentar o poner las ideas en un orden lógico, dar ejemplos, mostrar los puntos más importantes y llegar a conclusiones. Cuando se escuchan ideas que parecen débiles o aun tontas, es posible ponerlas en duda. He aquí algunas expresiones que le ayudarán a **discutir** y **poner en duda un argumento**.

Para discutir	Para poner en duda un argumento
Para empezar,…	No me parece que + (subjuntivo)…
A mi parecer,…	No creo que + (subjuntivo)…
Me parece que…	No, pero…
Le aseguro que…	No, mejor…
Por ejemplo,…	¿No diría(s) Ud.(tú) que…?
En una palabra,…	¿Cómo puede ser que…?
La cuestión es que…	Es dudoso que + (subjuntivo)…
Lo más importante de todo es…	En mi opinión,…
Por un lado,…	Según los expertos,…
Por (el) otro,…	Un momento, por favor.
Además,…	
Por eso,…	
Por lo tanto,…	
Es obvio (evidente) que…	

Véanse también las expresiones para **convencer** y **resistir** en la página 54.

Para empezar, Uds. van a practicar a **presentar argumentos** y a **ponerlos en duda**. Mientras la clase escucha, el(la) Estudiante A va a contestar la pregunta, "¿Cuál es la comida más típica de la cultura norteamericana?" El(la) Estudiante B debe criticar el punto de vista del(de la) Estudiante A y proponer otro.

El(la) Estudiante C y todos los demás deben poner en duda la opinión anterior y agregar la suya.

EJEMPLO

A. Para empezar, el helado es la comida más típica. Hay heladerías en todos los pueblos.

B. No me parece que el número de tiendas pruebe la importancia de los helados. **Además**, se gasta más en pollo frito.

C. Es dudoso que el pollo frito sea un símbolo de la cultura. Hay muchos que no lo comen. **Por eso**, creo que la manzana es central.

Repitan este modelo hasta que todos hayan participado. Cuando hablen, deben usar las expresiones de la página 40.

Ahora van a desarrollar un argumento más complejo y a poner en duda las partes de este argumento.

Víctor Rivera y Mónica Valenzuela son amigos pero no están de acuerdo sobre lo que se debe comer. Cada uno tiene ideas fijas sobre el tema. A Víctor le interesa mucho la salud. Insiste en comer solamente las comidas más saludables, puras y bajas en calorías. Por ejemplo, prefiere el tofú al chile con carne. Mónica, por el contrario, come de todo. Le gustan la carne de venado y también las papas fritas. Elige la comida por su sabor y el placer que le da y no piensa mucho en lo que contiene.

Cuando ellos hablan entre sí, cada uno trata de convencer al otro de que cambie su manera de comer. Presentan argumentos que son generalmente serios pero a veces frívolos.

En parejas, representen la discusión que pudieran haber tenido Víctor y Mónica. Deben presentar argumentos a favor de su punto de vista y deben tratar de poner en duda los argumentos de su amigo(a). También traten de desarrollar sus ideas en un orden lógico. En su discusión deben emplear las frases de la página 40.

✶

*P*RESENTACIONES

. . . .

. . . **A.** Describa una "comida perfecta." Incluya entremeses, ensalada, sopa, plato principal y, por supuesto, algo de postre.

. . . **B.** Explique las ventajas y desventajas de la comida producida sin fertilizantes, químicas y demás productos artificiales.

. . . **C.** Muestre cómo se cocina un plato que Ud. ha hecho muchas veces. Explique la receta y demuestre las técnicas necesarias. Si le viene bien, traiga ejemplos del plato ya hecho y deles pedacitos a sus compañeros de clase.

. . . **D.** Véndales un producto nutritivo (como vitaminas o fibra) a sus compañeros de clase. Explique cómo ese producto beneficia la salud. Tanto mejor si es algo nuevo y diferente.

PECHUGA DE POLLO RELLENA

1 pechuga entera deshuesada y sin piel
1 lasca grande de jamón cocido
1 lasca grande de queso suizo
huevo
galleta molida

PROCEDIMIENTO:

Se abre la pechuga en dos partes sin cortar en el centro y se machaca un poco. Se adoba con limón, sal y pimienta. Sobre un lado del corte se coloca el jamón cocido y encima el queso. Se cubre con la otra mitad y se pasa por huevo batido con un poco de sazón y adobo, después se cubre con galleta molida y se repite el proceso. Se fríe en suficiente aceite caliente y se seca con papel absorbente. Se le puede echar un poco de mantequilla preparada con ajo y perejil cuando aún esté caliente. Se sirve con arañitas y tostones.

. . . **E.** Mire el menú en la página siguiente del Restaurante DiPappo donde "comer es divertirse". Para los dueños, "una clientela magnífica merece productos magníficos. La pizzería total 'presenta' un menú que es un compendio de creatividad." Cuando Ud. lo lea, no se preocupe si no entiende todas las palabras. Algunas son inventadas y otras son argentinismos.

Si Ud. pidiera una comida entera en este restaurante, ¿qué platos y bebidas seleccionaría? Después de estudiar el menú, presénteles sus selecciones a los compañeros de clase y explíqueles por qué eligió Ud. lo que eligió.

✶

LAS PIZZAS

	c/porción	1/4 Met.	1/2 Met.
Natural con tomate triturado......	0.40	1.60	3.20
" " " " c/ anchoas	0.50	2.	4.
De muzzarella	0.55	2.20	4.40
De muzzarella c/ jamón o morrones o aceitunas, o longaniza o huevo duro ,.,.,...............	0.80	3.20	6.40
De muzzarella en 2 de estos gustos combinados	1.	4.	8.
De muzzarella en tres de estos gustos combinados	1.10	4.40	8.80
Napolitana, muzzarella c/tomate en rodajas oreganada	0.80	3.20	6.40
Provenzal, muzzarella c/ tomate en rodajas, perejil, ajillo, aceitunas	0.90	3.60	7.20

BEBIDAS
(Como siempre gran cantidad de opciones)

REFRESCOS

Pepsi, Teem, Mirinda, Paso de los Toros	0.80
Seven Up Diet	0.80
Soda Mirinda	0.40
Villavicencio, Mineral, Grande	0.90

JUGOS DE FRUTA NATURALES
DE PURISIMA FRUTA (PURA / PURA)   (Vaso 350 ctls.)

Frutilla / Ananá / Uva / Melón / Sandía /
Ciruela / Durazno / Manzana / Pera /
Banana / Tutti Fruti 1,50
Con leche, recargo 0,20
Exprimidos, naranja, ... 1,50
Exprimidos pomelo 1,50

CANAPES de 2 plazas sin resortes y muy acolchados ¡Espectaculares!

CONTINENTAL. fetas de blanco de ave, tomate, huevo duro, morrón y mayonesa 2.–
TROPICANA, jamón, ananá, fetas de naranja on salsa golf .... 2.
BRASILIA, jamón y palmitos con salsa golf. .... 2.
DI PAPPO, fetas de blanco de ave, tomate y mayonesa, y jamón con palmitos y salsa golf ! 2.20

LOS SUPER PEBETAZOS
(SON GRANDES EH!)

(de jamón crudo, recargo 0.40
PEBETAZO, de jamón y queso c/ manteca ... ¡ Qué Pebetazo ! doblete 1.30
PEBETAZO, de jamón y tomate c/ mayonesa doblete 1.30
PEBETAZO, de matambre casero, tomate y mayonesa cargadito , doblete .. 1.30
PEBETAZO de milanesa, lechuga, tomate y mayonesa doblete. Enorme 1.70

COPAS HELADAS
SON DISPARATADAMENTE GRANDES !

COCKTAIL DE FRUTAS (la ensalada casera es realmente magnífica y mucha).. 1,50
COPA DE HELADO (muy abundante) 200 grs. heladazo !! muy completo ... 1,60
SUNDAE DE FRUTAS, muy completo .. 3.50
COPA OBELISCO ¡ con la altura reglamentaria ! Ensalada de frutas, helado mixto, caramelo, baño chocolate, chantilly y su vainilla decorada 4,20
LA FONTANA (doble helado al baño de chocolate, bizcochuelo, flan, duraznos, ananá, almendra, chantilly) Qué fantástico ! Multigusto ! Para 2 ó 3 ó 4 5,40
ANANA SPLIT (base de ananá, **triple helado**, baño chocolate, cobertura y caramelo, coronado de ananá con chantilly) Para 2, 3 ó 4 personas 6,20
DURAZNO SPLIT (mismo estilo) 5,80
BANANA SPLIT (mismo estilo) 5,80
SUNDAE DE ALMENDRAS (helado mixto, baño de cobertura chocolate y caramelo, coronado de chantilly con almendras tostadas - abundantes .. 4.40
SUNDAE DE NUECES (mismo estilo) . 4.—
SUPER DON PEDRO (helado almendrado con sambayón, whisky, almendra picada). Un deleite ! No hay igual ! 3,30
MORENITA (helado vainilla, whisky, café express, caramelo, almendra picada, chantilly) 3,50

"El Rincón de los Elegidos"

¡ QUE PLATAZOS ... Y QUE PORCIONES DE PELICULA !

• **GRAN PLATO SPECIAL PAPPO'S**. Saboréelo desde el texto. Tome nota del lujo: Fetas de blanco de ave y jamón cocido, coronados de tomate, huevo duro o morrón con mayonesa; ananá y palmitos con salsa golf, con guarnición de manzana y zanahoria ralladas (Para 2). Un plato de lujo ¿que no debe Ud. perderse. Se lo recomendamos.. Anótese !!.......... 5.–

• **LA GRAN SUPREMA "DI PAPPO"**. Milanesa de blanco de ave rellena con fetas de jamón y rodajas de tomate, cubierta de muzzarella al gratín, coronada de morrones grillados. Guarnición de papas fritas rejilla. Una fiesta (para una pareja) 4,40

• **PETIT FILET "THE KING"** . Un cuarto (1/4) de pollo deshuesado, grillado a la plancha, cubierto de jamón y morrones braceados, con guarnición de papas fritas rejilla coronadas con revuelto de 2 huevos con champignons. ¡ Un Acontecimiento Descomunal !.... Para Amigazos .. 4,40

• **BOMBON SUIZO A LA REINA**. ¡ Nuevecito ! Bombón helado al baño sambayón, chocolate rallado y nueces picadas. Magnífico amigos ! 3,20

MUY ESPECIALES
Orgullo del Gran Cheff

	Para 2/3	Para 4/6
	PERSONAS	
MANJAR (muzzarella al jamón, c/ palmitos y salsa golf, y rodajas de tomate ! Para exquisitos ! ..	5.50	11
GRAN DI PAPPO , 7 ingredientes de 1ra. (muzzarella c/jamón, huevo duro, anchoas, morrones, aceitunas y mayonesa. La gran Pizza !..	5.50	11.
COSA NOSTRA , ¡ Fortíssima !!! (muzzarella, longaniza, tomate huevo , oreganato, ajillo, aceitunas y morrón). Qué buena !	5.50	11.
LA LUJOSA (con fetas de pollo, cebollita frita, salsa blanca gratinada y rodajas de tomate		
PUNTA DEL ESTE (con jamón cocido, champignons y salsa blanca gratin (deliciosamente sensacional !)...............	5.50	11.
GRAN PARISINA (muzzarella c/ jamón, roquefort y apio). Qué lujo, mamita mía	5.50	11.
FUGAZZA SICILIANA, anchoas, aceitunas, morrones, perejil, ajíes	5.50	11.

 ESCUCHAR

Esta noche Uds. tienen la gran suerte de acompañar al famoso crítico de restaurantes Martin Campos a un restaurante excelente pero poco conocido. Además, Martín conoce personalmente a Pedro Asturias, el *chef* del restaurante. Pedro Asturias ofrece platos diferentes en su restaurante cada noche. Hay que escuchar con cuidado las especialidades del día que les repite el *chef* antes de pedir. Recuerden que resulta mucho más económico (y le cuesta menos trabajo a Pedro Asturias) si todos eligen los mismos platos.

He aquí algunas palabras que les ayudarán a entender al *chef* : camarones al ajillo *(shrimp with a special garlic sauce)*, queso rallado *(grated cheese)*, a la parilla *(grilled)*, medio *(medium)*, bien hecho *(well done)*, crudo *(rare)*, nueces *(walnuts)*, almendras *(almonds)*

Escuchen y tomen apuntes; traten de recordar los platos.

Para discutir

En parejas, lleguen a un acuerdo sobre qué va a comer el grupo; es importante que todos Uds. elijan el mismo entremese, sopa, plato principal, y postre como un gesto de cortesía al *chef.*

Para escribir

¡Fue una comida magnífica! En una carta de agradecimiento a Martín Campos y Pedro Asturias, describa cuánto le gustó la comida. Comente sobre la presentación, el aroma, los sabores y su plato predilecto.

 ACTIVIDADES

A. El menú del día

Los dueños del restaurante "La Cocina de la Reina" necesitan la ayuda de Uds., que saben tanto sobre la comida. Recientemente el restaurante sufre de una falta de clientela.

Salvador y Rosa, los dueños, se dieron cuenta de que necesitaban renovar el menú de tal manera que atraiga clientes. A la espera de un enfoque nuevo, les piden a Uds. que compongan este menú. Pero el menú debe ser más que una sencilla lista de platos. Con cada plato deben aparecer unas palabras que capten el interés del(de la) cliente. Por ejemplo, no es suficiente decir "Pollo al horno". Hay que llamarlo algo como "Pollo al horno al gusto del Príncipe de Zaragoza".

Divídanse en grupos de cuatro a seis consultores. Cada grupo debe elegir un(a) secretario(a). Juntos, escriban el nuevo menú con los platos elegantes que Uds. inventen. Si quieren, pueden agregar descripciones tentadoras de los platos más importantes. Recuerden que el menú debe incluir selecciones de entremeses, sopas, ensaladas, platos, postres, y bebidas.

Luego, tendrán la oportunidad de presentarles su menú a la clase.

B. Coco loco

La cosecha de cocos ha sido extraordinaria en "La finca de las hermanas". El precio es muy bajo y aun así no pueden vender la mitad de lo que producen allí. Las hermanas les piden a Uds., expertos en cocos, que les ofrezcan sugerencias sobre cómo utilizar los cocos. Preferirían atraer a más compradores. Pero si no lo logran, no quieren que los cocos se pudran.

Divídanse en grupos de cuatro a seis expertos. Cada grupo debe elegir un(a) secretario(a). Hagan listas de usos posibles para los cocos. Recuerden, a las hermanas les interesa toda idea que sea lógica, aun si es un poco rara. Luego, les presentarán su lista a los compañeros de clase.

C. Hay hambre en el país

De la organización Lucha Contra El Hambre Internacional (LCHI) ha salido una noticia muy seria e inquietante. En el país de Nadería las cosechas han fracasado otra vez y la gente teme que haya una carestía *(famine)* si no hay una intervención internacional a gran escala.

Uds., voluntarios con mucha experiencia de la LCHI, tienen la responsabilidad de recoger los donativos de alimentos en esta región. La situación es urgente, por lo tanto deben planear rápidamente. Tienen que establecer: 1. la publicidad; 2. qué tipo de alimentos prefieren; 3. a quiénes les pedirán donativos; y 4. dónde y cómo acumularán la comida hasta que se la manden a Nadería.

Divídanse en grupos de cuatro a seis voluntarios. Cada grupo debe elegir un(a) secretario(a). Escriban un plan de acción. Luego, tendrán la oportunidad de presentarle su plan a la clase.

En clase

. . . **A.** Describa un restaurante o cafetería que Ud. conoce bien. Mencione los platos y los sabores que más le gustan. Si no sabe el nombre exacto de algún alimento, use un término más general. ¿Cómo es el ambiente y el servicio?

. . . **B.** Anote todo lo que Ud. asocia con:

1. una manzana verde
2. un huevo frito
3. el pulpo (*octopus*)
4. la sopa de pollo
5. el chocolate

Fuera de clase

. . . **A.** Acaban de inaugurar el restaurante "La Casita de Marisa" en esta ciudad. El diario *El Día de Mañana* lo(la) manda a Ud. como reportero(a) a comer allá y escribir una reseña para sus lectores. En su artículo, critique la comida, el ambiente y el servicio. También hay que premiar el restaurante con un número de estrellas (* bastante malo, ** así así, *** está muy bien, **** fantástico). Mencione la dirección y el número de teléfono.

. . . **B.** Diseñe etiquetas para una nueva marca de productos alimenticios. Invente el nombre de la marca y describa todo lo que aparecerá en las latas de frijoles negros, las cajas de cereales y los paquetes de estofado (*stewed meat*) congelado. Luego, dibujen las etiquetas.

. . . **C.** Haga una lista de compras para el supermercado que Ud. mismo llevaría si tuviera que planear tres comidas y una fiesta para 12 personas. La lista debe ser de por lo menos 25 artículos. Si quiere, puede buscar ideas en los anuncios de la prensa hispana.

*A*note las aventuras interesantes y las experiencias importantes que Ud. ha tenido recientemente. Describa en detalle lo que le pasó, cómo se sintió y de qué se enteró. Comente acerca de lo que comió y cocinó. Si Ud. probó algo nuevo, descríbalo.

Si Ud. ha investigado la comida hispana, hable de lo que averiguó. Si comió comida hispana, describa los platos y la situación en la cual la probó. Si ha visitado una tienda hispana, describa lo que observó. Si ha leído anuncios que trataban de comida en la prensa hispana, resuma lo que vio.

Después de escribir en su diario, elija las selecciones que más querría mostrarle a un(a) compañero(a) de clase. En parejas, léanlas y compárenlas.

Anselmo y Cristina son muy curiosos cuando se trata de comida. Siempre insisten en probar la comida típica de las ciudades, regiones o países que visitan. A veces no les gusta para nada el aspecto de la comida ni su sabor, pero de todos modos la quieren probar. Les piden a Uds., que conocen bien las especialidades locales, que les sugieran qué deben probar. Háganles una lista de comidas representativas: 1. de los Estados Unidos o del Canadá; 2. de esta región del país; 3. de este estado o provincia; 4. de esta ciudad o este pueblo; y 5. de esta universidad o escuela. Traten de mencionar más de una cosa en cada categoría. Si no saben el nombre inglés de un plato, explíquenlo en castellano.

Con un(a) compañero(a) o un grupito, haga la lista para Cristina y Anselmo.

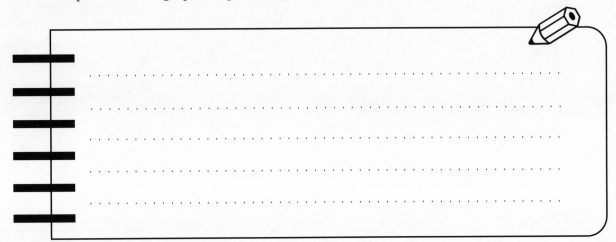

PREGUNTAS

1. ¿Cuáles son los orígenes de los gustos y las preferencias con respecto a la comida? ¿Cómo se adquieren nuevos gustos? ¿Por qué rehusan probar comidas nuevas y diferentes muchas personas?

2. Hoy en día se habla mucho de la importancia de comer alimentos saludables. ¿Cuáles son los alimentos que debe y no debe comer una persona que cuida su salud?

3. Explique la frase "Uno es lo que come".

4. ¿Cuáles son unas comidas relacionadas con las actividades que se practican en esta región? Por ejemplo, ¿qué se come en una comida campestre, una barbacoa o una cena comunal para celebrar una cosecha?

5. En todas partes hay restaurantes que ofrecen comida de otros países o de grupos étnicos minoritorios. Se come excelente comida china en La Paz, pollo frito al estilo americano en Tokio y comida mexicana en Boston. Explique la popularidad de estos sabores importados.

6. Hay muchos que creen que cocinar es un arte igual que la música o la escultura. Dicen que una comida merece la misma atención que una sinfonía o una estatua. ¿Qué tiene el arte de cocinar en común con las otras artes? ¿Qué diferencias hay?

7. En muchas religiones, la comida tiene un aspecto sagrado. Hay ritos y creencias que tienen que ver con la comida. Hay comidas consagradas y comidas prohibidas. Haga una lista de prácticas religiosas relacionadas con la comida.

8. ¿Qué funciones sociales desempeñan los restaurantes? Describa varios tipos de restaurantes.

9. Más y más, los supermercados han crecido hasta que parecen almacenes enteros. ¿Cuáles son las ventajas de comprar la comida en una tienda tan grande? ¿Las desventajas?

10. ¿De dónde vienen los productos alimenticios que se comen aquí? ¿Qué se produce por aquí? ¿Qué es necesario traer de otra parte? Dé ejemplos.

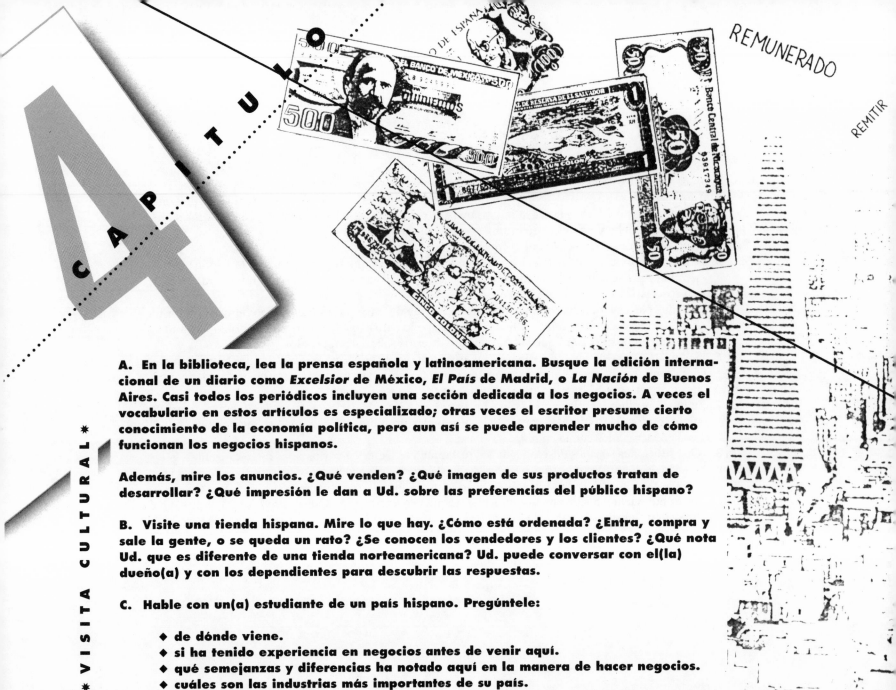

CAPITULO 4

REMUNERADO

REMITIR

A. En la biblioteca, lea la prensa española y latinoamericana. Busque la edición internacional de un diario como *Excelsior* de México, *El País* de Madrid, o *La Nación* de Buenos Aires. Casi todos los periódicos incluyen una sección dedicada a los negocios. A veces el vocabulario en estos artículos es especializado; otras veces el escritor presume cierto conocimiento de la economía política, pero aun así se puede aprender mucho de cómo funcionan los negocios hispanos.

Además, mire los anuncios. ¿Qué venden? ¿Qué imagen de sus productos tratan de desarrollar? ¿Qué impresión le dan a Ud. sobre las preferencias del público hispano?

B. Visite una tienda hispana. Mire lo que hay. ¿Cómo está ordenada? ¿Entra, compra y sale la gente, o se queda un rato? ¿Se conocen los vendedores y los clientes? ¿Qué nota Ud. que es diferente de una tienda norteamericana? Ud. puede conversar con el(la) dueño(a) y con los dependientes para descubrir las respuestas.

C. Hable con un(a) estudiante de un país hispano. Pregúntele:

◆ de dónde viene.
◆ si ha tenido experiencia en negocios antes de venir aquí.
◆ qué semejanzas y diferencias ha notado aquí en la manera de hacer negocios.
◆ cuáles son las industrias más importantes de su país.

Los Negocios

SOBREVENCIDO
REMITIR
SOBREVENCIDO
REMUNERADO
SOBREVENCIDO
REMUNERADO
SOBREVENCIDO
REMITIR
SOBREVENCIDO
REMUNERADO

OCABULARIO

He aquí palabras que le serán útiles cuando Ud. hable o escriba acerca de los negocios.

la Bolsa *(stock market)*, el(la) agente de bienes raíces *(real estate broker)*, el(la) vendedor(a) *(salesperson)*, la acción *(share of stock)*, el impuesto *(tax)*, el rédito *(income)*, el(la) comerciante *(merchant)*, el préstamo *(loan)*, la inversión *(investment)*, el presupuesto *(budget)*, el bono *(bond)*, el clima económico, los bienes y las obligaciones *(assets and liabilities)*, la financiación *(financing)*, la deuda, el lema *(motto)*, el logotipo *(logo)*

avisar *(to inform)*, beneficiar, asesorar *(to advise)*, asociarse *(to join with)*, concordar con *(to agree with)*

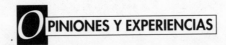

PINIONES Y EXPERIENCIAS

1. ¿Cómo interpretaría Ud. el dibujo? ¿En qué le hace pensar?
2. En su opinión, ¿en qué se basa el éxito en el mundo de los negocios? ¿Es más importante el trabajo o la suerte?
3. ¿Piensa Ud. seguir la carrera de sus padres u otros parientes? ¿Por qué sí o por qué no?
4. ¿Preferiría Ud. trabajar por su propia cuenta? ¿En una empresa pequeña? ¿En una mediana? ¿Una grande y multinacional? ¿En qué se basa su preferencia?
5. ¿Si Ud. pudiera escoger entre ser el(la) presidente de una empresa grande y muy conocida y una empresa nueva que está empezando a crecer, cuál elegiría?

SITUACIONES ANIMADAS

convencer, resistir

uando una persona quiere vender algo, necesita **convencer** a otra que su producto es mejor, o por lo menos, que el precio que ofrece es preferible al de los otros productos disponibles. Posiblemente tenga que presentar una variedad de argumentos en favor del producto o servicio. La persona a quien le interesa comprar algo tiene sus propias ideas de lo que necesita y prefiere, cuánto quiere pagar y aun cuándo quiere pagarlo. El(la) comprador(a) se **resiste** a aceptar los argumentos del(de la) vendedor(a) hasta estar del todo satisfecho(a).

Siguen algunas expresiones que le ayudarán a Ud. cuando trate de **convencer** y **resistir**.

Para convencer	Para resistir
Mire,…	Ud. sabe que…
Tiene que…	Bueno,…
Mire que le conviene…	El problema con eso es…
No hay nada mejor que…	Lo más importante es…
Pero…	Hablando de…
Escúcheme.	Sí, pero…
Espere un momento.	No, pero…
¿Por qué pensar más en…?	Eso me recuerda que…
	No se olvide que…
	Recuerde que…
	Es muy complicado para discutirlo ahora.

Véanse también las expresiones para **volver al tema** en la página 132 y para **evadir dar una respuesta directa** en la página 70.

En parejas, van a practicar a **convencer** y a **resistir**. El(la) Estudiante A debe ofrecerle al(a la) Estudiante B un coche usado que quiere vender. El(la) Estudiante B, que no quiere comprarlo, resiste.

EJEMPLO

El(la) Estudiante A: **Mire** que le conviene porque el coche le pertenecía a una anciana que casi nunca manejaba.

El(la) Estudiante B: **Lo más importante** para mí es saber si tiene cuatro puertas.

Luego, los próximos dos estudiantes toman su turno haciendo el papel de A o B mientras el resto de la clase escucha. Así siguen hasta que todos hayan participado. Cuando hablen, deben usar las expresiones que se encuentran en la página 54.

Ahora van a practicar a convencer y a resistir en una situación más compleja.

Jim Anderson es un vendedor de *Coat-of-Many-Colors, Inc.*, una compañía norteamericana que produce pinturas, cepillos y otras herramientas para el(la) consumidor(a) que quiera mantener su propia casa o apartamento en buen estado (los *"do-it-yourselfers"*). Los gerentes de *Coat-of-Many-Colors, Inc.*, se han dado cuenta de que Latinoamérica les ofrece nuevas posibilidades para la venta de sus productos. Por lo tanto, han mandado a Anderson, que habla castellano bastante bien, de viaje de ventas a varios países latinoamericanos.

Durante su primera escala, Anderson tiene una cita con Samuel Levisky, proprietario de una cadena de ferreterías *(hardware stores),* que siempre trata de ofrecerles lo más moderno a sus clientes. Después de presentarse, Anderson empieza a describir sus productos. El es muy directo y hasta insistente. Habla de las ventajas de las pinturas que vende y los méritos de su compañía. Levisky tiene interés en los productos de *Coat-of-Many-Colors, Inc.*, pero como muchos hispanos, él cree que se debe establecer una relación personal con el(la) vendedor(a) antes de hablar de negocios. Cada vez que Anderson presenta sus argumentos, Levisky, muy cortés, resiste.

En parejas, desempeñen los papeles de Anderson y Levisky. Uno(a) trata de mantener el tema, el(la) otro(a) trata de cambiarlo; uno(a) trata de convencer, el(la) otro(a) resiste. Durante la conversación, deben usar las expresiones de la página 54.

RESENTACIONES

. . **A.** Describa una ganga que Ud. compró recientemente.

. . **B.** Describa el mejor trabajo (pago o voluntario) que Ud. ha tenido.

. . **C.** Describa el peor trabajo que Ud. ha tenido.

. . . **D.** Evalúe uno o más de los anuncios en la página 56. Explique:

- ◆ ¿a qué tipo de persona están dirigidos?
- ◆ ¿cómo venden los productos y servicios?
- ◆ ¿qué tipo de palabras eligen? ¿Directas? ¿Elegantes?
- ◆ ¿qué argumentos hacen a favor del producto o servicio?
- ◆ ¿qué valores representan?
- ◆ ¿cuánta información le dan?
- ◆ si Ud. compraría lo que venden.

. . . **E.** Lea cuidadosamente el anuncio del Primer Concurso de "Exito Exportador" de Honduras. Para competir, ¿qué tiene que hacer un(a) exportador(a)? ¿Cuáles son las categorías? ¿Qué premios dan?

Luego, invente una compañía que pueda participar en la competencia. Decida si su empresa fabrica productos tradicionales o no tradicionales; elija una categoría. Explíqueles a sus compañeros de clase las razones por las cuales esta compañía debe ganar el premio.

 SCUCHAR

. . . .

Ya es la hora. Uds. tienen que comprar un vestuario *(wardrobe)* nuevo. Afortunadamente Uds. tienen el dinero necesario para empezar sus compras. Escuchen bien los anuncios publicitorios de dos tiendas nuevas en su ciudad — son muy diferentes — y después decidan cuál prefieren.

He aquí algunas palabras que les ayudarán a entender los anuncios: franela *(flannel)*, seda *(silk)*, colorines *(bright colored)*, temporadas *(seasons)*, módicos *(reasonable)*, rebajas *(discounts)*, el último grito de la moda *(the latest fashion)*.

Escuchen los anuncios y tomen apuntes.

Para discutir

En parejas, decidan a qué tienda van a ir a comprar ropa nueva. Pueden elegir una sola tienda o, si prefieren, pueden comprar algunos artículos en cada lugar. En todo caso, expliquen por qué eligieron una tienda y no la otra para cada compra.

Para escribir

Escriba un artículo para una revista de modas. Describa las dos tiendas cuyos anuncios Ud. ha escuchado. Mencione los estilos de ropa que venden y algunos artículos en particular, el ambiente, y el servicio que ofrecen los dependientes.

A. Buena compañía

$\mathcal{D}$espués de interminables negociaciones, los gerentes de Fernández y Compañía, fabricantes de relojes, y los de Martínez y Compañía, fabricantes de aparatos eléctricos, han llegado a un acuerdo para la fusión de las dos empresas. Existe un sólo problema. El nuevo arreglo corre peligro de no concretarse pues los dos grupos no pueden ponerse de acuerdo en cuanto al nombre que llevará la nueva compañía; por lo tanto, tampoco han encontrado un logotipo ni un lema *(motto)*. Las acaloradas *(heated)* discusiones no han producido ningún resultado. Por fin han decidido comunicarse con Uds., artistas comerciales de mucho renombre y consultores de gran experiencia. Les ruegan a Uds. que encuentren un nombre original y apropiado — Fernández y Martínez no es aceptable — que diseñen un emblema que llame la atención, y que inventen un lema que refleje el espíritu de la nueva compañía.

Divídanse en grupos de cuatro a seis artistas comerciales. Cada grupo debe elegir un(a) secretario(a). Primero, pónganse de acuerdo sobre el nombre de la nueva empresa. Segundo, dibujen el emblema. Tercero, inventen un lema apropiado. El vocabulario de la página 59 les puede ser útil. Luego, tendrán la oportunidad de mostrarles su trabajo a los compañeros de clase.

Vocabulario útil

la corona (*crown*)
el escudo (*coat of arms*)
la media luna (*crescent*)
el pentágono
ancho (*wide*)
estrecho (*narrow*)
cuadrado (*square*)
redondo (*round*)
ovalado
recto (*straight*)
torcido (*twisted*)
paralelo
rectangular
multicolor

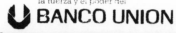

B. Vamos a la feria

Preparación: Busque un objeto para llevar a la clase. Debe ser algo bastante raro o extraño.

Fuera de clase: Ud. debe preparar un discursito de aproximadamente dos minutos que va a dar para "venderles" el objeto a sus compañeros de clase. El discursito debe incluir:

- ◆ las propiedades físicas de la cosa
- ◆ por qué es especial o única
- ◆ de dónde viene
- ◆ su historia
- ◆ las ventajas de ser el(la) dueño(a) de una cosa así
- ◆ cuánto cuesta

Ud. puede inventar un lema o aun un anuncio rimado. Si parte de su presentación no es del todo veraz, no se preocupe. Eso no es nada nuevo en la propaganda comercial.

En clase: El día de la feria Ud. tendrá la oportunidad de "vender" su objeto a la clase entera. Emplee todos los argumentos posibles y conteste las preguntas de sus compañeros de clase. Regatee si le conviene. Cada estudiante tendrá tres minutos en total.

C. Guía para los perplejos

Los dirigentes de Estudiantil, S.A., una compañía que fabrica bolígrafos, blocs de papel, gomas y otros artículos para el(la) estudiante, han decidido entrar en otro campo de negocios. Querrían elaborar un catálogo lleno de regalos "perfectos" para estudiantes. Sabiendo que en general los estudiantes tienen poco dinero, los ejecutivos no piensan mandarles los catálogos a ellos, sino a sus parientes (incluyendo a los tíos ricos) y a otros conocidos que sean de tendencia generosa y que tengan suficiente plata.

Pero hay un problema. Estudiantil, S.A. tiene los mismos productos desde hace muchos años. Sus jefes no están enterados de los gustos y las preferencias de los estudiantes de hoy en día. Tampoco están familiarizados con los productos y servicios que le son de interés a la gente joven. Por lo tanto, Estudiantil, S.A. les pide a Uds., expertos en lo que les gusta a los estudiantes, que compongan una lista de lo que deben incluir en el catálogo. Querrían ofrecer una mezcla de cosas caras y baratas. Prefieren cosas que no sean comunes. Es importante que las páginas estén llenas de regalos inolvidables.

Divídanse en grupos de cuatro a seis expertos. Se debe elegir un(a) secretario(a). Deben componer una lista de artículos y servicios para el catálogo. Estos pueden venir de muchas fuentes (sources). Entonces, Uds. deben escoger los que más les gusten para que Estudiantil, S.A. los destaque en el catálogo. Luego, Uds. tendrán la oportunidad de describirles su catálogo a los compañeros de clase.

En clase

. . . **A.** Se ha decidido reemplazar (replace) los muebles en esta sala de clase — los pupitres, el escritorio del profesor, las pizarras, todo. Pero antes de poder hacerlo, es necesario vender lo que hay aquí ahora. Escriba la publicidad necesaria para vender los muebles y aparatos. Si

Ud. prefiere, puede limitarse a una sola cosa. Recuerde: lo importante es vender, vender, vender.

. . . **B.** Escríbale una carta a un(a) compañero(a) de clase en la cual Ud. le indica que quisiera comprar algo que él o ella tiene. Puesto que Ud. no puede (o no quiere) pagar ló que vale el objeto, dé todas las razones por las cuales debe vendérselo a Ud. a un precio más bajo.

Fuera de clase

. . . **A.** Ud. es reportero(a) de *Los Tiempos Financieros*, diario para hombres y mujeres de negocio. Tiene la tarea de escribir un artículo acerca de la fusión de dos empresas: Fernández y Compañía y Martínez y Compañía. Explíqueles a sus lectores las razones detrás de esta fusión. Note especialmente las personalidades de José Fernández y José Martínez, "los dos Josés", y los problemas que posiblemente tengan cuando trabajen juntos en la misma oficina. También mencione los planes futuros de la nueva compañía.

. . . **B.** Durante toda su carrera, Ud. ha trabajado para Fernández y Compañía, empresa que acaba de arreglar una fusión con Martínez y Compañía. Ahora Ud. está preocupado(a). Escríbale una larga carta a su jefe explicándole sus preocupaciones sobre los cambios que implicará la fusión de las dos empresas.

. . . **C.** Invente y dibuje un logotipo para Ud. mismo(a). Debe representar sus cualidades personales. También componga un lema que refleje sus creencias y esperanzas. Luego explique por escrito el logotipo y el lema.

. . . **D.** Describa un negocio que Ud. quisiera fundar. Explique el producto que fabricaría o el servicio que ofrecería y la organización de la empresa.

﹡

Anote las aventuras interesantes y experiencias importantes que Ud. ha tenido recientemente. Describa en detalle lo que le pasó, cómo se sintió y de qué se enteró. Si Ud. ha comprado o vendido algo, menciónelo. También refiérase a los problemas con los bancos o las tarjetas de crédito, si tuvo alguno. Si le ocurrió algo en el trabajo o cuando solicitaba un puesto, explíquelo. También puede agregar sus comentarios sobre su situación económica personal en este momento.

Si Ud. ha visitado una tienda hispana o ha visto anuncios en la prensa hispana, agregue sus observaciones y reacciones. Si ha hablado con un(a) estudiante hispano(a) de economía o de administración de empresas, dé un resumen de lo que discutieron. Después de escribir esta sección de su diario, elija las secciones que querría mostrarle a un(a) compañero(a) de clase. En parejas, léanlas y discútanlas.

Como todo el mundo, Anselmo y Cristina quieren gastar su dinero con cuidado. No son pobres, pero el cambio entre la moneda de su país y el dólar norteamericano es muy malo y empeora cada día. Entonces, tienen que cuidarse mucho y no gastar demasiado. Siempre hay cosas que necesitan comprar y además les han prometido regalos a los parientes y amigos que quedaron en su país. Por lo tanto, necesitan urgentemente su ayuda. Les agredecerían si pudieran decirles cómo se compra prudentemente en los EE.UU. No buscan gangas necesariamente; quieren hacer buenas compras con el dinero que gasten. Es decir, quieren comprar artículos de buena calidad a precios buenos. Desean saber dónde deben ir a comprar:

- un televisor
- un coche usado
- unos muebles
- las medicinas
- los discos y los cassettes
- los relojes y las joyas
- la comida importada de su propio país
- la ropa

Con un(a) compañero(a), o un grupito, haga una lista de sugerencias para Anselmo y Cristina.

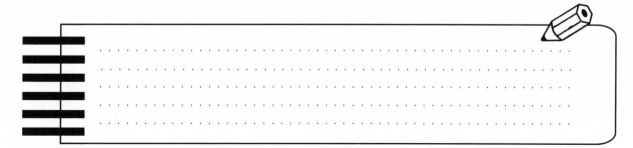

✳

PREGUNTAS

. . . .

. . . **1.** ¿Cuándo es preferible comprar en tiendas pequeñas y locales? ¿En los grandes almacenes?

. . . **2.** ¿Qué lugar tiene la honradez en los negocios? ¿Hay situaciones en las cuales se espera que se exagere, que se omitan detalles o aun que se mienta?

. . . **3.** ¿Cuáles son las cualidades personales del hombre o de la mujer de negocios que más a menudo tiene éxito en su carrera?

. . . **4.** En los negocios, ¿puede haber cooperación en vez de competencia?

. . . **5.** ¿Qué estrategias se emplean en la propaganda para hacernos comprar? ¿Qué tipo de propaganda comercial es más eficaz? Dé ejemplos. ¿Debe haber más control sobre la propaganda?

. . . **6.** ¿Cuáles son algunos anuncios publicitarios que han sido muy exitosos? ¿Por qué son tan eficaces?

. . . **7.** Nombre algún producto que no existía hace cinco años y que es muy exitoso ahora. ¿A qué se atribuye su éxito rápido?

. . . **8.** ¿Cómo es posible fomentar el desarrollo económico y proteger el medio ambiente simultáneamente? En los casos en que no es práctico, ¿cuál factor es el más importante?

. . . **9.** ¿Cuáles serán los sectores ecónomicos más importantes en el futuro? ¿Cuáles serán los productos claves?

. . . **10.** ¿Cuánta deuda personal es aceptable? ¿Cuándo es mejor usar el crédito? ¿Cuándo es mejor (o necesario) pagar al contado?

✳

En venta hoy — la realidad y la fantasía.

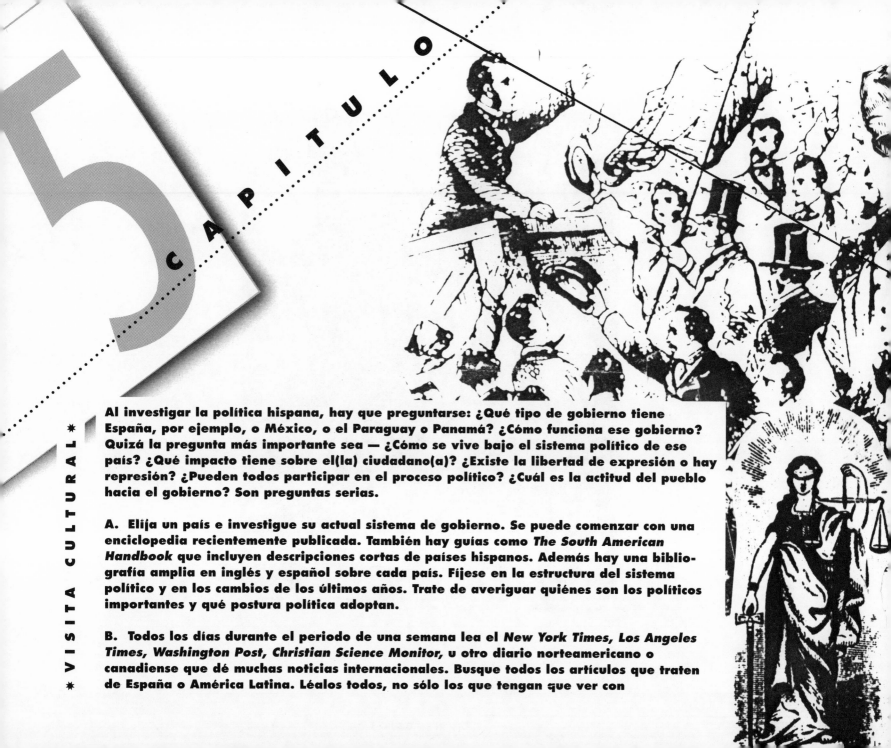

5

CAPITULO

★ VISITA CULTURAL ★

Al investigar la política hispana, hay que preguntarse: ¿Qué tipo de gobierno tiene España, por ejemplo, o México, o el Paraguay o Panamá? ¿Cómo funciona ese gobierno? Quizá la pregunta más importante sea — ¿Cómo se vive bajo el sistema político de ese país? ¿Qué impacto tiene sobre el(la) ciudadano(a)? ¿Existe la libertad de expresión o hay represión? ¿Pueden todos participar en el proceso político? ¿Cuál es la actitud del pueblo hacia el gobierno? Son preguntas serias.

A. Elija un país e investigue su actual sistema de gobierno. Se puede comenzar con una enciclopedia recientemente publicada. También hay guías como *The South American Handbook* que incluyen descripciones cortas de países hispanos. Además hay una bibliografía amplia en inglés y español sobre cada país. Fíjese en la estructura del sistema político y en los cambios de los últimos años. Trate de averiguar quiénes son los políticos importantes y qué postura política adoptan.

B. Todos los días durante el periodo de una semana lea el *New York Times, Los Angeles Times, Washington Post, Christian Science Monitor,* u otro diario norteamericano o canadiense que dé muchas noticias internacionales. Busque todos los artículos que traten de España o América Latina. Léalos todos, no sólo los que tengan que ver con

LA POLÍTICA

Centroamérica. ¿Qué noticias dan? ¿Qué falta? ¿Hay mucho o poco reportaje? ¿Qué impresión le da lo que Ud. ha leído? ¿Qué más querría saber?

C. Lea algunos artículos políticos en la prensa hispana. Si la prosa a veces le resulta demasiado difícil, puede descifrar un grupo de titulares (*headlines*). ¿De qué tratan? ¿Se nota un punto de vista en los artículos? ¿Cómo son el estilo y vocabulario que emplean?

D. Pídale a un(a) estudiante extranjero(a) que le explique a Ud. el gobierno de su país. ¿Qué sistema tienen? ¿Quiénes son los héroes de la patria? ¿Qué problemas y protestas hay? (Si un/a estudiante no quiere contestar, no insista Ud. Para algunos latinoamericanos, la política es un tema cargado de emoción y aun temor.) Luego hágale las mismas preguntas a otro(a) estudiante de un país diferente. Compare las contestaciones. Si hay tiempo, hable con un(a) tercer(a) estudiante. Al fin, compare las descripciones con su propia opinión sobre el gobierno aquí.

✳

OCABULARIO

He aquí palabras que le serán útiles cuando Ud. hable o escriba acerca de la política.

el voto, el(la) votante, las elecciones, el debate, el(la) senador(a), el (la) diputado(a) *(representative)*, la cámara *(legislative body)*, la petición, la manifestación *(demonstration)*, la huelga *(strike)*, el partido, el nombramiento *(nomination)*

persuadir, disuadir, dirigirse a, dar un discurso, deliberar, debatir, discutir, nombrar, empadronar(se) *(register to vote)*

abrupto, agresivo, tranquilo, caritativo *(charitable)*, alegre, polémico, atrevido *(daring)*, dinámico, necio *(foolish)*, frívolo, frugal, gregario, honrado *(honest)*, humilde *(humble)*, ignorante, inmaduro, industrioso, benévolo, magnánimo, malicioso, maduro, apasionado, próspero, orgulloso *(proud)*, sospechoso, comprensivo *(understanding)*, virtuoso, guerrero *(warlike)*, chistoso *(funny)*

OPINIONES Y EXPERIENCIAS

1. ¿Cómo interpretaría Ud. el dibujo? ¿En qué le hace pensar?
2. ¿Qué político(a) ha conocido o por lo menos visto Ud. en persona? ¿Qué tipo de persona es?
3. ¿Ha participado en la política? ¿Cómo? ¿Pertenece a grupos de acción social? ¿Piensa ser activo(a) en el futuro? ¿Cómo?
4. ¿Está de acuerdo con las ideas políticas de sus padres? ¿Han cambiado mucho las ideas de Ud. a lo largo de su vida?
5. ¿Cuál es su recuerdo más claro de la política? ¿Cuántos años tenía cuando ocurrió el incidente?

✳

· · · **6.** ¿Quiénes son los políticos de hoy que Ud. más admira? ¿Por qué? ¿Quiénes son los líderes del pasado que Ud. más admira? ¿Por qué?

S ITUACIONES ANIMADAS

· · · · · · · · · · · · · ·

entrevistar; evadir dar una respuesta directa

S e pregunta no solamente para obtener información esencial como fechas y direcciones, sino también para averiguar las opiniones o conseguir información personal o limitada a un grupo pequeño. A menudo la gente no quiere contestar. Tampoco desea parecer descortés ni insultante, entonces en vez de responder dan respuestas que son parciales, vagas y confusas. Muchos políticos son expertos en esta forma de hablar. He aquí algunas expresiones que le ayudarán a **entrevistar** y a **evadir dar una respuesta directa** con más eficacia.

Para entrevistar	Para evadir dar una respuesta directa (contestar sin contestar)
En su opinión,…	Generalmente,…
Basándose en su experiencia,…	En general,…
De modo que…*(so that)*	A veces,…
De manera que…*(so that)*	Muchas veces,…
Puesto que… *(since)*	A menudo,…
En cuanto a…*(as for)*	Se dice que…
¿Podría Ud. decirme…?	Bueno…
Querría saber si…	No puedo recordar.
Es ese caso,…	No puedo contestar.
Según…*(according to)*	Pero,…
	Condicionalmente,…
	En esas condiciones,…
	En esta situación,…
	En un caso así,…

Véanse también las expresiones para **convencer** en la página 54 y para **evaluar** en la página 84.

En parejas, van a practicar a **entrevistar** y a **evadir dar una respuesta directa.** El(la) Estudiante A debe hacer una pregunta sobre un asunto político. El(la) Estudiante B debe contestarle sin darle ninguna información importante.

EJEMPLO

El(la) Estudiante A: **En cuanto** a los candidatos, ¿a quién prefiere Ud.?

El(la) Estudiante B: **Generalmente**, prefiero a los liberales, pero esta vez es posible que cambie de opinión.

Luego, los próximos dos estudiantes toman su turno haciendo el papel de A o B mientras el resto de la clase escucha. Así siguen hasta que todos hayan participado. Cuando hablen, deben usar las expresiones que se encuentran en la página 70.

Ahora van a entrevistar y evitar las respuestas directas en una situación más compleja.

La señorita Diana Montesinos es la Ministra de Relaciones Exteriores de la República Cervantina. Recientemente concluyó unas negociaciones difíciles con el país que comparte una frontera larga con el suyo. En las últimas semanas, sin ningún aviso a la prensa, hizo un viaje apresurado por Londres, París, Roma, Washington y Tokio.

Daniel Peña es un reportero de *Sancho Panza*, una muy respetada revista de noticias y opinión. El ha conseguido una entrevista con la ministra Montesinos. Después de agradecerle el haber consentido a la reunión, Peña le hace una serie de preguntas específicas sobre las negociaciones, los viajes y otros asuntos de política internacional. Montesinos, una experta en la evasión, le contesta, pero realmente no le dice nada. Peña persiste, y por fin logra algunas revelaciones.

De a dos recreen la entrevista de Daniel Peña y Diana Montesinos. El le hace preguntas, y por un rato ella contesta sin contestar. Por fin, ella ofrece información que hasta el momento era desconocida por el público. Durante la conversación deben usar las expresiones de la página 70.

PRESENTACIONES

. . . .

... **A.** Describa unas elecciones estudiantiles en las cuales Ud. participó como candidato(a) o voluntario(a). ¿Qué parte de la experiencia más le gustó? ¿Qué parte le fué más difícil a Ud.?

... **B.** Describa una campaña electoral local, estatal o nacional en la cual Ud. participó. ¿Quién fue el(la) candidato(a)? ¿Por qué trabajó Ud. en la campaña? ¿Qué aprendió Ud. de la experiencia?

... **C.** Describa un(a) líder político(a) de este país o de otro que Ud. admire mucho. ¿Cuáles son las características de él o de ella que le impresionan a Ud.? ¿Qué ha hecho esta persona que Ud. considera importante?

... **D.** Como consejero(a) de un(a) candidato(a) a gobernador(a) de un estado (real o ficticio), componga el guión de un anuncio político de un máximo de treinta segundos que va a aparecer en la televisión. ¿Cuál será el enfoque del anuncio? ¿Qué mensaje quiere transmitir?

Por derecho y elección los extranjeros votan.

Ayer, con ese derecho, hombres y mujeres de todo el mundo eligieron a la Argentina como país. Hoy, la democracia los convoca a participar eligiendo concejales y consejeros vecinales en las elecciones del 6 de setiembre próximo.

- Pueden votar los extranjeros con más de cinco años de residencia en el país y que actualmente tengan domicilio en la Capital Federal.
- La Justicia Electoral habilitó, a partir del lunes 15 de junio y hasta el 20 de julio inclusive, 12 lugares de inscripción.
- Si no tiene Documento Nacional de Identidad de Extranjero, tramítelo en el Registro Civil cercano a su domicilio presentando la documentación que posea.
- Los Registros Civiles, como así también el Registro Nacional de las Personas y la Dirección Nacional de Migraciones, habilitaron oficinas de asesoramiento para agilizar la realización de los trámites correspondientes.
- Las sedes electorales tendrán mesas exclusivas para extranjeros.

Las direcciones autorizadas a realizar el empadronamiento son las siguientes:

Uruguay 740	S. de la Frontera 5.172	Mendoza 2.377
Sarandí 1273	Uruguay 759	Córdoba 5.688
Lafuente 2668	Guzmán 780	Tucumán 1.320 (bis)
Rivadavia 7202	Miller 2.751	Leandro N. Alem 232

Municipalidad de la Ciudad de Buenos Aires

... **E.** Ud. no es un(a) ciudadano(a) argentino(a) pero ha vivido en Buenos Aires, la Capital Federal, desde hace siete años. Ha leído este anuncio y ha decidido aprovechar esta oportunidad para empadronarse. Ud. piensa que sus parientes y amigos, que son todos extranjeros residentes en Buenos Aires desde hace más de cinco años, deben hacer lo mismo. Ellos no están seguros de que sea buena idea participar en la política argentina. Hablando con un grupo de ellos, dé un discursito en que Ud. trata de convencerles para que se empadronen. Ud. puede emplear argumentos racionales y emocionales.

*E*SCUCHAR

Esta noche el jefe de su partido político va a dar un discurso muy importante. Escúchelo bien, no solamente por la importancia de su mensaje, sino porque, en el futuro, Uds. van a escribir discursos para él y deben conocer bien su estilo a oratorio.

Escuchen el discurso político y tomen apuntes.

Para discutir

¡Qué lástima que el jefe político no pueda continuar por razón de su tos! Ahora hay una intermisión. Uds., leales miembros del partido, tienen que terminar el discurso que el jefe político no pudo terminar. Contesten las preguntas que él plantó. Imitando su estilo, presenten los programas principales del partido. Uds. pueden escribir todo el discurso o, si prefieren, pueden componer una larga lista de sus ideas.

Para escribir

Ud. es reportero(a). Estaba presente en la reunión política en el momento en que el líder no pudo terminar su discurso. Escriba un artículo en que resume lo que el político dijo y cómo terminaron el discurso después de que el líder se fue.

*A*CTIVIDADES

A. El hombre para todos

Después de largas horas de discusión, el Partido de Bondad Nacional (PBN) ha seleccionado a su candidato para la presidencia. Juan Gómez es un verdadero candidato de compromiso. No es el preferido de nadie, pero tampoco tiene enemigos. Tiene algunas ideas, pero no muchas. Le gusta la acción, pero solamente de vez en cuando. No es feo, pero nadie lo llamaría guapo tampoco. Ni pertenece a la clase alta ni es "un hombre del pueblo".

Por lo tanto, hay un problema. ¿Cómo van a convencer al electorado que vote por Juan Gómez? Los dirigentes del PBN les piden a Uds., especialistas en publicidad política, que planifiquen la campaña presidencial de Juan Gómez.

Divídanse en grupos de cuatro a seis personas. Cada grupo debe elegir un(a) secretario(a). Debe desarrollar la campaña de publicidad para presentar a Gómez. Debe responder a estas preguntas: ¿Qué imagen creará? ¿Qué cambios serán necesarios? ¿Cómo debe vestirse él? ¿Cuál será su plataforma? ¿Cuál será su lema? Luego, les presentarán las ideas a los compañeros de clase.

Bolivia

Su gobierno crea

Crea en su gobierno

B. A la heroica

El país de Mil Ríos no tiene ni un héroe ni una heroína. No hay ni un George Washington ni una Juana de Arco. Entre los fundadores de la república no existe una figura destacada. El pueblo riojano simplemente no tiene una figura histórica a quien venerar ni cuya cara puedan inmortalizar en sus monedas. Los líderes han decidido remediar esta situación intolerable. Les piden a Uds., historiadores de gran renombre, que inventen un héroe o una heroína y una vida digna de él o de ella.

Divídanse en grupos de cuatro a seis historiadores. Cada grupo debe elegir un(a) secretario(a). Fíjense que como las vidas de muchos héroes a lo largo de la historia, esta vida heroica debe tener ciertas características.

Estas son:

. . . **1.** El héroe (la heroína) nace en circunstancias misteriosas; no conoce a sus padres verdaderos.
. . . **2.** De joven, sale de su casa en busca de aventuras.
. . . **3.** Encuentra a un maestro (o una maestra) que le enseña acerca del mundo.
. . . **4.** Conoce la maldad en la persona de un(a) enemigo(a).
. . . **5.** Se enamora.
. . . **6.** Recibe un mensaje que le dice que su padre verdadero se ha muerto; él (ella) viene de una familia de gran importancia.
. . . **7.** Vuelve a su lugar de origen para aceptar su responsabilidad como líder nacional.

Usando estas características como base, escriban la vida del héroe o de la heroína. Luego, tendrán la oportunidad de presentarle su historia a la clase.

C. ¿Y qué quiere el pueblo?

Entre los ciudadanos del país de Isla Dorada, hay un debate continuo. No se logra llegar a un acuerdo sobre cuál debe ser el estatus de esta isla de casi tres millones de habitantes. Se dice en Isla Dorada que sobre el asunto hay tantas opiniones como ciudadanos. Pero, en realidad, hay tres posiciones predominantes:

. . . **1.** La independencia. Desde el final de la guerra de 1898 entre España y los Estados Unidos, Isla Dorada ha sido dominada política y económicamente por el gobierno norteamericano. Los norteamericanos tienen mucha influencia sobre su economía, controlan su defensa y relaciones exteriores y dominan su vida cultural. Muchos isladoradeños quieren romper este lazo y establecer una república independiente. Solamente así, dicen, podrán desarrollar su propia cultura.

. . . **2.** El estado. Ya que un 10% de la población norteamericana es de orígen hispano, y que muchos isladoradeños viven o han vivido en EE.UU., y que ya existen dos estados que no comparten sus fronteras con los otros 48, hay muchos que creen que Isla Dorada puede llegar a ser el estado número cincuenta y uno de este país. Así los isladoradeños tendrían todos los derechos de los otros ciudadanos norteamericanos. Tendrían sus propios senadores y diputados en el Congreso y podrían votar en las elecciones a la presidencia. Lograrían mucho más control sobre sus vidas y un sentido de igualdad con los demás norteamericanos.

. . . **3.** El estado libre asociado. Desde que se firmó un convenio en los años cincuenta, Isla Dorada tiene una relación especial con los Estados Unidos. Los isladoradeños son ciudadanos norteamericanos. Pueden viajar y residir en todos los territorios norteamericanos como cualquier otro ciudadano. Pueden servir en las fuerzas armadas y pueden recibir subsidios del gobierno federal. No pagan impuestos federales sobre la renta (income). No pueden mandar representantes al Congreso, sino que tienen su propio gobierno encabezado por un gobernador. El gobierno norteamericano se encarga de la defensa y las relaciones exteriores de la isla. Hay muchos isladoradeños que prefieren mantener la situación tal como es.

Una vez al año hay una gran reunión en Isla Dorada para debatir el asunto. Las preferencias del público cambian y cada año se quiere establecer cuáles son los sentimientos del electorado. Entonces hay un debate televisado y después un voto de preferencia. Uds., que son isladoradeños de mucha distinción, tienen el honor y la responsabilidad de discutir las tres alternativas.

Divídanse en tres grupos. Cada uno representa uno de los puntos de vista políticos: la independencia; el estado; el estado libre asociado. Los miembros de cada grupo, solos o en grupitos, tendrán unos minutos para preparar sus argumentos. Luego habrá una discusión abierta en que todos pueden y deben participar.

El(la) profesor(a) puede actuar como moderador(a). Cuando termine la discusión, deben hacer un resumen de los argumentos.

En clase

. . . **A.** Describa una organización establecida para fomentar una causa social (como los derechos humanos o la importancia de la ecología) que Ud. conoce bien. ¿Cuáles son las metas (*goals*) de esta organización? ¿Ha sido Ud. un(a) activista? ¿Por qué sí o por qué no?

. . . **B.** Presente sus opiniones sobre un asunto político — por ejemplo, la ecología o el déficit. Luego, presente todos los argumentos en contra de su punto de vista.

Fuera de clase

. . . **A.** Escriba un discurso político. Debe incluir un poco de humor, una referencia a un héroe o una heroína de la patria, una cita (*quotation*) real o inventada, unas ideas nuevas (o no tan nuevas) sobre un problema nacional, y una linda conclusión.

. . . **B.** Escríbale una carta a un(a) político(a) en que Ud. presenta argumentos en favor de o en contra de un punto de vista político. Ud. debe tener en cuenta los puntos de vista del (de la) político(a). ¿Es liberal o conservador(a)?

. . . **C.** Escriba un discurso de nombramiento para un(a) candidato(a) real o ficticio(a). En el discurso, Ud. debe poner en relieve las cualidades personales del (de la) candidato(a), sus ideas políticas y las razones por las cuales es la mejor persona para el puesto. Trate de estimular reacciones emocionales de los oyentes.

. . . **D.** Escriba un discursito para una campaña electoral estudiantil. Explique su plataforma. ¿Qué cambiaría? ¿Por qué deben votar por Ud.?

*A*note las aventuras interesantes y las experiencias importantes que Ud. ha tenido recientemente. Describa en detalle lo que le pasó, cómo se sintió y de qué se enteró. Hable de la política donde Ud. vive y estudia. Fíjese también en la política internacional, especialmente cuando trata del mundo hispánico.

Si Ud. ha investigado el sistema político de un país hispano, resuma lo que aprendió. Si ha leído sobre la política en la prensa en español o inglés, anote sus impresiones. Si ha hablado con un(a) estudiante extranjero(a) (o varios) sobre su país, escriba acerca de lo que le dijo.

Después de escribir en su diario, elija las secciones que más querría mostrarle a un(a) compañero(a) de clase. En parejas, léanlas y compárenlas.

A Anselmo y Cristina les interesa mucho la política. En su universidad eran miembros del Partido Cívico y participaron en algunas huelgas y manifestaciones estudiantiles. Además, han tomado cursos de política económica y por lo tanto conocen las teorías acerca de cómo funcionan los gobiernos en general y el de los Estados Unidos en particular. Habiendo leído los periódicos de su país, conocen los nombres de los líderes estadounidenses, su política exterior, especialmente en cuanto toca al país suyo, y algo sobre la política interna norteamericana. Pero les quedan muchas preguntas acerca del funcionamiento del sistema político de los Estados Unidos.

Les agradecerían a Uds. si pudieran explicarles:

- cómo seleccionan los partidos políticos sus candidatos para la presidencia. ¿Es posible hoy en día que una persona pobre llegue a ser candidato(a)? ¿De dónde viene el dinero para las campañas de los candidatos?
- cuál es la importancia de las concesiones en el proceso político. Dé un ejemplo de una concesión importante.
- ¿Existe mucha corrupción en la política? ¿Qué le pasa a un(a) político(a) corrupto(a)?
- cuál será el futuro de las minorías y las mujeres en la política.
- qué interés tiene la mayoría de la gente aquí en la política.

Con un(a) compañero(a) o un grupito, prepare un informe sobre la política de los Estados Unidos para Anselmo y Cristina.

. . . .

. . . .

. . . .

. . . .

 **REGUNTAS**

. . . **1.** ¿Por qué son "grandes" las grandes figuras de la historia política? ¿Por qué son recordadas?

. . . **2.** ¿Le parece posible que algún día tendremos una mujer como presidente de los Estados Unidos? ¿Por qué sí o por qué no?

. . . **3.** Los políticos tienen la reputación de ser poco honrados. ¿Deben ser honrados siempre o hay situaciones en las cuales es mejor que mientan?

. . . **4.** ¿Es buena o mala la estabilidad en la política? ¿Qué fuerzas fomentan la estabilidad? ¿Cuáles la amenazan?

. . . **5.** En la política, ¿cuál es más importante: la ideología, la teoría económica o la personalidad del (de la) líder? Defienda su respuesta.

. . . **6.** ¿Está Ud. de acuerdo con estos puntos de vista? Defienda sus opiniones.

    a. Ser político(a) es una buena carrera para una persona inteligente, enérgica y honrada.

    b. Un escándalo político afecta muy poco la vida cotidiana de un(a) ciudadano(a).

    c. El mundo de hoy es tan complejo que un solo individuo no puede entender los problemas gubernamentales; por lo tanto se debe confiar totalmente en los líderes del gobierno que tienen más información y experiencia en estas cosas.

    d. El día del (de la) "gran líder" ha pasado; ahora los líderes son más humanos y menos sobrehumanos.

    e. Cada ciudadano(a) tiene el deber de criticar a su gobierno cada vez que ocurra algo que le moleste.

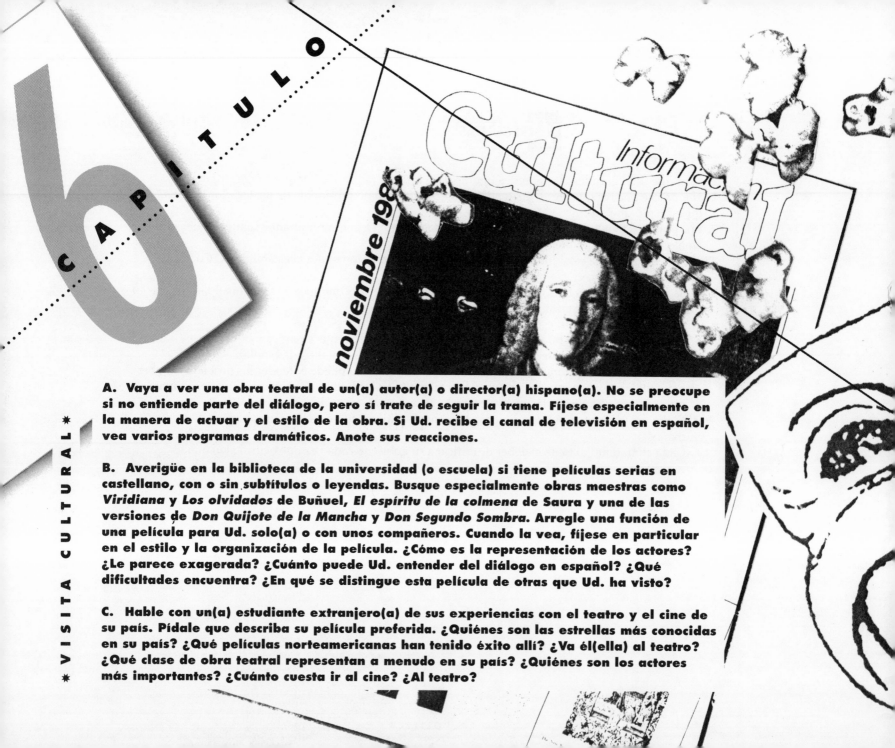

noviembre 198

Información Cultural

A. Vaya a ver una obra teatral de un(a) autor(a) o director(a) hispano(a). No se preocupe si no entiende parte del diálogo, pero sí trate de seguir la trama. Fíjese especialmente en la manera de actuar y el estilo de la obra. Si Ud. recibe el canal de televisión en español, vea varios programas dramáticos. Anote sus reacciones.

B. Averigüe en la biblioteca de la universidad (o escuela) si tiene películas serias en castellano, con o sin subtítulos o leyendas. Busque especialmente obras maestras como *Viridiana* y *Los olvidados* de Buñuel, *El espíritu de la colmena* de Saura y una de las versiones de *Don Quijote de la Mancha* y *Don Segundo Sombra*. Arregle una función de una película para Ud. solo(a) o con unos compañeros. Cuando la vea, fíjese en particular en el estilo y la organización de la película. ¿Cómo es la representación de los actores? ¿Le parece exagerada? ¿Cuánto puede Ud. entender del diálogo en español? ¿Qué dificultades encuentra? ¿En qué se distingue esta película de otras que Ud. ha visto?

C. Hable con un(a) estudiante extranjero(a) de sus experiencias con el teatro y el cine de su país. Pídale que describa su película preferida. ¿Quiénes son las estrellas más conocidas en su país? ¿Qué películas norteamericanas han tenido éxito allí? ¿Va él(ella) al teatro? ¿Qué clase de obra teatral representan a menudo en su país? ¿Quiénes son los actores más importantes? ¿Cuánto cuesta ir al cine? ¿Al teatro?

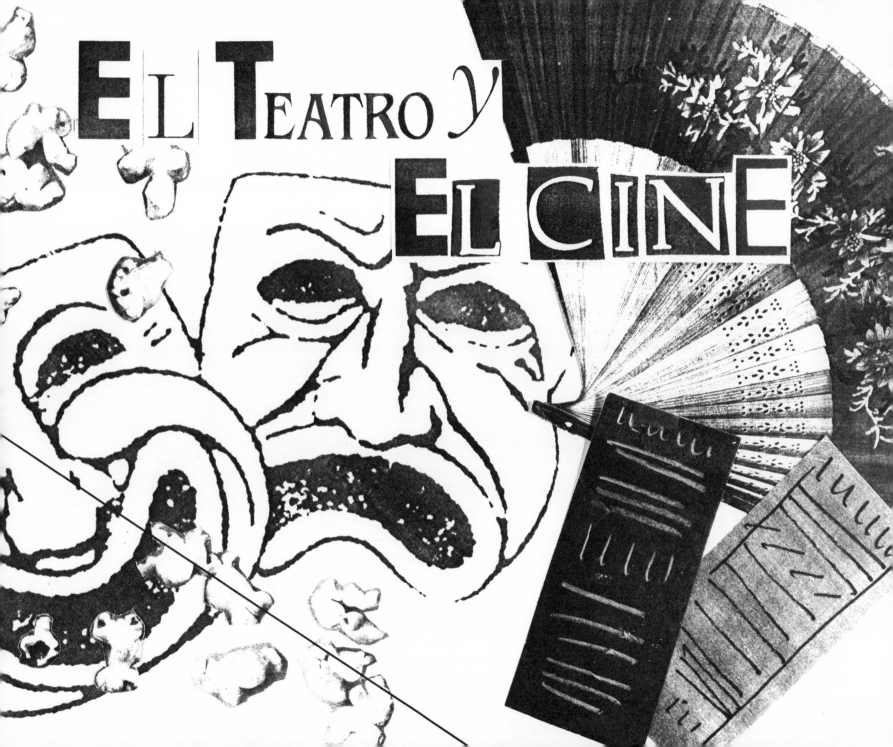

El Teatro y El Cine

✴

OCABULARIO

He aquí palabras que le serán útiles cuando Ud. hable o escriba acerca del teatro y del cine.

el actor, la actriz, el billete o el boleto *(ticket)*, la entrada *(admission)*, la estrella de cine, el dibujo animado *(cartoon)*, la pantalla *(screen)*, el estreno *(first showing, premiere)*, la taquilla *(ticket office)*, el telón *(curtain)*, la atracción, el acto, el(la) director(a), la comedia o la obra de teatro *(play)*, el(la) dramaturgo(a) *(playwright)*, la historia/trama *(plot)*, el guión *(script)*, el elenco *(cast)*, el(la) productor(a) o director(a) de producción *(producer)*, el escenario *(stage)*, la escenografía *(sets)*, la función *(show)*, la escena

representar, desempeñar (hacer) un papel *(play a role)*, aplaudir, estrenar *(to perform for the first time)*, dramático, sentimental, policiaco *(detective)*, emocionante, aburrido *(boring)*, violento

PINIONES Y EXPERIENCIAS

. . . **1.** ¿Cómo interpretaría Ud. el dibujo? ¿En qué le hace pensar?
. . . **2.** ¿Ha participado Ud. en una obra teatral o una película como actor o actriz? ¿En otra capacidad? ¿Cómo le fue?
. . . **3.** ¿Qué obra teatral o película le ha impresionado más? ¿Por qué?
. . . **4.** ¿Quiénes son los actores y actrices más conocidos en este momento? ¿Cree que merecen la fama que tienen?
. . . **5.** ¿Cuáles son las películas más importantes en este momento? ¿De qué tratan? ¿De qué derivan su valor?

✴

SITUACIONES ANIMADAS

evaluar; contradecir una evaluación

Un aspecto central de la conversación son las opiniones. En cualquier discusión, todo se evalúa: el tiempo, la moda, los precios y los famosos. A veces los que hablan están de acuerdo. Otras veces no. Si una persona no está de acuerdo con otra, lo indica ofreciendo su punto de vista. Siguen algunas expresiones que le ayudarán a expresarse cuando **evalúe** o **contradiga una evaluación**.

Para evaluar	Para contradecir una evaluación
Es obvio que…	No creo que + (subjuntivo)…
Dicen que…	No me parece que + (subjuntivo)…
Yo creo que…	No estoy de acuerdo.
A mi parecer,…	No es cierto que + (subjuntivo)…
Para mí,…	No, señor.
Según ___ ,…	Al contrario,…
En mi opinión,…	Perdóneme, pero…
Es claro que…	A mí me parece (resulta) al revés.
Todo el mundo piensa que…	¿Cree(s) que sí? Para mí,…
Es el(la) mejor (peor)____que jamás he visto.	Sí, pero…
¡Qué lindo!	Puede ser, pero…
¡Qué bien!	En cierto sentido sí, pero…
¡Qué genial!	¿No se ha fijado que…?
¡Cómo eso no hay!	

Véanse también las expresiones para **comentar una sugerencia** en la página 26.

Ahora van a practicar a **hacer una evaluación** y a **contradecir una evaluación**. Mientras la clase escucha, el(la) Estudiante A debe comentar sobre los actores y actrices cómicos que le gustan. El(la) Estudiante B debe contradecir la evaluación del(de la) Estudiante A y dar su propia opinión. El(la) Estudiante C y todos los demás deben contradecir la evaluación anterior y agregar la suya.

EJEMPLO

El(la) Estudiante A: **Es obvio que** los hermanos Marx son los mejores cómicos.

El(la) Estudiante B: **No creo que** sean tan chistosos. Me parecen más locos que cómicos. **A mi parecer**, Woody Allen es el más cómico.

El(la) Estudiante C: **No señor**, es demasiado intelectual. **En mi opinión**...

El(la) Estudiante D: …

Repitan este modelo hasta que todos hayan participado. Cuando hablen, deben usar las expresiones que se encuentran en la página 84.

Ahora van a practicar a evaluar y contradecir una evaluación en una situación más compleja.

A Carolina Barcia y Liliana Pedregal les gusta muchísimo el cine. Son las primeras en ver cualquier película nueva que aparezca. Han visto las películas clásicas como *Nosferatu*, *M* y *Los olvidados*, no se sabe cuántas veces. Además, escriben reseñas para *Cinéfilo*, revista para los aficionados al cine. Son amigas, pero, a lo largo de los años, se ha vuelto evidente que tienen gustos absolutamente opuestos. No están de acuerdo en nada.

Todos los jueves ellas se reúnen para hablar de cine. Por lo general, discuten las películas nuevas. A veces mencionan obras más viejas y las que aparecen en televisión. Nunca se ponen de acuerdo en sus evaluaciones.

Con un(a) compañero(a), represente la discusión que tienen Carolina y Liliana. Dé sus propias opiniones y contradiga las opiniones de su compañero(a). Durante la conversación deben usar las expresiones de la página 84.

✳

RESENTACIONES

. . . .

. . . **A.** Ud. es escritor(a) de dramas cortos para la televisión. Tiene una idea para una nueva serie de programas. Defienda su concepto de cómo debe ser. ¿Quiénes serán los personajes? ¿Dónde y cuándo tiene
lugar? Explique por qué seguramente tendrá éxito.

. . . **B.** Cuéntele a la clase qué pasó y cómo se sintió cuando conoció o por lo menos vio a una estrella (de
cine, televisión, teatro).

. . . **C.** Componga la publicidad para *¡Qué horror!*, una película que acaban de terminar. La publicidad debe
atraer a toda clase de público. Muestre y explique su campaña publicitaria.

. . . **D.** Diseñe la escenografía para un drama que trata de su propia vida. La acción debe tener lugar en un
sitio que es muy importante para Ud., y debe incluir utilería *(props)* auténtica. Muéstreles el dibujo a
los compañeros de clase y explíquelo.

. . . **E.** Ud. es aficionado(a) al teatro. Le encantan las obras de teatro y espectáculos de todo tipo. Ahora
bien, Ud. tiene la suerte de estar en Buenos Aires por una semana (de martes a lunes), y quiere ver
todos los espectáculos posibles (por lo menos seis). Estudie la cartelera en la página 87, y haga un
plan que mezcle lo serio con lo divertido. Recuerde que en Buenos Aires se usa el reloj de 24 horas —
por ejemplo, 21:30 = 9:30 p.m. Fíjese también que las funciones empiezan más tarde que en los
EE.UU. Esté preparado(a) para defender sus decisiones.

$\mathcal{E}$SCUCHAR

. . . .

$\mathcal{A}$púrense! Pronto comienza un nuevo episodio de su radionovela
predilecta y nunca se la pierden. Por supuesto, querrían saber qué les pasará hoy a la bella Nilda, el

✳

TEATRALES PARA HOY

LA GRAN ALDEA. Complejo Teatral. **Café - Teatro.** Pje Giuffrá 330 (altura Paseo Colón al 800). Tel. 362-0450/0388.

SUSANA ROMAN
en
CHAU BUENOS AIRES, CHAU
Ternura, asombros y humor. Sábado 19 hs.

LA GRAN ALDEA. Complejo Teatral. Pasaje Giuffra 330 (altura Paseo Colón al 800). **Sala Samuel Eichelbaum.** Tel. 362-0450/0388. Presenta:

¡MA... MORITE!
Sobre textos de Jorge García Alonso y Mauricio Kartum. Con: Raúl Rizzo, Isabel Quinteros y elenco. Escenog.: Norma Miranda. Dirección: Justo Gisbert. Viernes y sábado: 22.30 hs. Domingo: 21.30 hs.

LA GRAN ALDEA. Complejo Teatral. Pje. Giuffra 330 (altura Paseo Colón al 800). Tel. 362-0450/0388. **Sala de Ensayos.** Presenta:

DESCEREBRADOS
Un espectáculo de Boris del Río. Dir. Boris del Río. Viernes 23.30 hs.

LA GRAN ALDEA. Complejo Teatral **Sala Pulpería de Martina Céspedes.** Pje. Giuffra 330 (altura Paseo Colón al 800). Tel. 362-0450/0388. Presenta:

CAFE ABIERTO DEL CUENTO
Después del éxito de **Cuento sin Moraleja** y **Había y no había una vez.** Sobre textos de distintos autores. Con la narración de Juan Moreno y María Heguiz. Música Agustín Heilin. Sábado 23 hs.

LA GRAN ALDEA. Complejo Teatral **Café - Teatro.** Pje Giuffra 330 (algura Paseo Colón al 800). Tel. 362-0450/0388. Café-Teatro. Presenta:

ETERNA BUENOS AIRES
De Héctor Negro. Canciones, música y poemas. Tangos de todos los tiempos. Con Héctor Negro, Carlos Cabrera (canto y guitarra) y Antonio Ibars (bandeneón). Jueves 21.30 hs.

LA GRAN ALDEA. Complejo Teatral Pje. Giuffra 330 (altura Paseo Colón al 800). Tel. 362-0450/0388. **Café - Teatro:**

CABLES PELADOS
Con Silvia Estrín. Libro y Dir. Diana Raznovich. Viernes 22.30 hs.

LA GRAN ALDEA. Complejo Teatral. Pje. Giuffra 330 (altura Paseo Colón al 800). Tel. 362-0450/0388. **Café - Teatro.** Franklin Caicedo, en:

NERUDA
DEJAME CANTAR POR TI
Toda la lírica del poeta chileno encarnada por un excepcional actor. Sábado: 21.30 hs.

LA GRAN ALDEA. Complejo Teatral. Pje Giuffra 330 (altura Paseo Colón al 800). Tel.: 362-0450/0388. **Sala Pulpería de Martina Céspedes.**
DEL AMOR
Con Norma del Vecchio (poesía). Mirian Martino y Horacio Liñán. (canto y guitarra). Domingo 19 hs.

LA GRAN ALDEA. Complejo Teatral. Pje. Giuffra 330 (altura Paseo Colón al 800). Tel. 362-0450/0388. **Sala Pulpería de Martina Céspedes**
CHE MUNDO, COSA, GENTE
Sobre textos de Humberto Constantini. Con Marga Grajer y R. Apeseche (guitarra). Sábado 21 hs.

LA GRAN ALDEA. Complejo teatral. Pje. Giuffra 330 (altura Paseo Colón al 800). Tel. 362-0450/0388. **Sala Milagros de la Vega.**
Ciclo Pavlovsky
Ciclo de Teatro Informal
Viernes 21.30 hs. **LA ESPERA TRAGICA.** Dir. Carlos Daróo.

LA GRAN ALDEA. Complejo Teatral. Pje. Giuffra 330 (altura Paseo Colón al 800) Tel. 362-0450/0388. **Café Teatro.**
Ciclo Pavlovsky
Ciclo de Teatro Informal
Viernes: 20.30 hs.: **EL ROBOT.** Dir. Fernando Pasik.

LA GRAN ALDEA. Complejo Teatral. Pje. Giuffra 330 (altura Paseo Colón al 800). Tel. 362-0453/0388. **Sala de Ensayos.**
Ciclo de Teatro Informal
Viernes: 21 hs. **ACTO RAPIDO.** Dir. María Isabel Cané.
Viernes 21.30 hs. **SOMOS.** Dir. María Isabel Cané.

LA GRAN ALDEA. Complejo Teatral. Pje. Giuffra 330 (altura Paseo Colón al 800). Tel. 362-0450/0388. **Sala de Ensayos**
Ciclo Pavlovsky
Ciclo de Teatro Informal
Sábado 21 hs. **LA CACERIA.** Dir. Luis Levy.

LORANGE. Corrientes 1372. Tel.: 45-7386. Triunfal éxito de una reídera comedia ganadora de la Estrella de Mar 1987.
THELMA BIRAL - NORA CARPENA
en:
CHISPAS
De James Kirkwood. Con Salo Pasik, Nené Malbrán y gran elenco. Escenografía: Seijas. Dirección: Carlos Muñoz. Martes a viernes: 21 hs. Sábado: 21 y 23hs. Domingo: 20.30 hs. Apta para todo público. **Ultimas semanas.**

MANZANA DE LAS LUCES. Perú 294. Tel.: 34-9930. ¡Sala Siripo. Presenta un espectáculo poético musical: **YO TE SALUDO, ESPAÑA.** De José María Franchino Arnaiz. Puesta en escena y dirección general: Beba Ruiz. Sábado: 20.30 hs.

MANZANA DE LAS LUCES. Perú 272. Tel.: 34-9930. **Sala De los Representantes.** Presenta **LA CONJURA.** (Asesinato de Maza). Escenas históricas sobre hechos reales, ocurridos en 1839. Dir. gral.: Luis Camillón. Viernes y sábado: 21 hs. Domingo: 19 hs.

MANZANA DE LAS LUCES. Perú 272. Tel.: 34-9930. **Sala de la Rancheria.** Presenta: **EL ACOMPAÑAMIENTO.** De Carlos Gorostiza. Dir. gral.: Mario Yebrin. Viernes y sábado: 22.30 hs. Desc. a est. y jub.

MANZANA DE LAS LUCES. Perú 294. Tel.: 34-9930. **Sala Siripo.** Presenta un espectáculo prohibido para gente aburrida y triste. **USTED... ¿NUNCA TUVO UN AMANTE?** De Alfredo Lépore. Con Alfredo Lépore, Giovanna Sportelli y elenco. Dir. gral.: Alfredo Lépore. Viernes y sábado: 22.15 hs. Domingo: 21 hs.

MARGARITA XIRGU. Chacabuco 875. Tel.: 26-8359. Un brillante espectáculo de Guillermo Blanco: **MAGICAS NOCHES DEL CUPLE.** Orquesta en vivo. Domingo: 17.45 hs. Boletería, viernes a domingo, desde las 15 hs.

MARGARITA XIRGU. Chacabuco 875. Tel.: 26-8359. Taller Argentino de Opera, presenta: **EL BARBERO DE SEVILLA.** Primerísimas figuras de la lírica nacional. Dir. musical: Oscar Gálvez Vidal. Sábado y domingo: 21 hs.

METROPOLITAN I. Corrientes 1343. Tel.: 40-0816. Tato Bores - Carlos Perciavalle, en:
LA CAGE AUX FOLLES
(La jaula de las locas)
Con Juan Manuel Tenuta, Lucrecia Capello, Carlos Priegue, Sandra Cappa, Aníbal Silveyra y Claudia Lapacó. Dir.: Mario Morgan. Miércoles a viernes: 21.30 hs. Sábado: 21 y 23.30 hs. Domingo: 20.30 hs.

OLIMPIA. Sarmiento 777. Tel.: 40-2678. Lito Cruz - Carlos Moreno - Héctor Bidonde - Noberto Suárez, en:
CUBA Y SU
PEQUEÑO TEDDY
De Reinaldo Povod. Escenografía e iluminación. Guillermo de la Torre. Con Cristina Fernández, Alejandro Urdapilleta y Fernán Miras. Puesta en escena y dirección general: Lito Cruz - Carlos Moreno. Jueves a sábado: 21.30 hs. (Jueves popular).

PAYRO. San Martín 766. Tel.: 312-5922. Teatro Municipal General San Martín y Equipo Teatro Payró, presentan:
SOLO ELLINGTON
Con: Ferardo Gandini (piano) y Hugo Pierre (saxo), acompañados por Carlos Bolo (contrabajo). Lunes y martes: 21.30 hs.

PAYRO. San Martín 766. Tel.: 312-5922. Teatro Municipal General San Martín y Equipo Payró, presentan:
EL LOCO Y LA MONJA
De Stanislaw Ignacy y Witkiewic. Con Horacio Peña, Ingrid Pellicori, Márgara Alonso y gran elenco. Dir.: Rubén Szuchmacher. Miércoles y jueves: 21.30 hs. (Función popularísima). Viernes: 21.30 hs. Sábado: 22 hs. Domingo: 20.30 hs.

❋

orgulloso Eduardo, y el apasionado Antonio. Escuchen con cuidado porque ocurre mucho en muy poco tiempo y es importante seguir la acción.

Escuchen el episodio y tomen apuntes.

Para discutir

Resulta que después de este episodio, los escritores de este drama se marcharon. Tuvieron una disputa con los dueños de la compañía de producción qué no pudieron resolver. Ni dejaron el guión para el episodio de mañana. La directora está desesperada. Les pide a Uds., que conocen tan bien el programa, que escriban el diálogo para el episodio de mañana. Tienen que tener presentes las preguntas esenciales: ¿Qué hará Nilda? ¿Se pelearán Eduardo y Antonio? ¿Con quién se irá Nilda? ¿Por qué? En parejas, planeen el próximo episodio.

Para escribir

Han pasado tres meses desde el episodio de "Pasiones borrascosas *(stormy)*" en el cual regresó Antonio. Ahora escriba un resumen de lo que ha pasado en la serie en los últimos tres meses. Su resumen es para la sección de entretenimiento de un diario hispano. ¿Qué les ha ocurrido a Nilda, a Eduardo, y a Antonio? ¿Qué nuevos personajes han aparecido en la radionovela? ¿Qué problemas nuevos han surgido?

ACTIVIDADES

A. El teatro soy yo

*B*ienvenidos al Club de los Dramaturgos. Los socios de esta organización de fama mundial se reúnen aquí para pasar el tiempo inventando personajes y situaciones dramáticas. En vez de jugar al ajedrez o discutir la política, crean obras de teatro. Los escritores con experiencia vienen para refinar sus habilidades; los principiantes *(beginners)* asisten para aprender y para conocer a sus héroes.

❋

Divídanse en grupos de cuatro a seis estudiantes. Cada grupo debe elegir un(a) secretario(a). Con la ayuda de las siguientes reglas, Uds. van a representar una reunión de este famoso club. Primero, en grupos pequeños, inventen cuatro personajes que puedan tomar parte en una obra de teatro. Tienen que describirlos en detalle; pueden ser viejos o jóvenes, honrados o malintencionados. Segundo, deben componer una trama en la que figuren los cuatro personajes. Esta debe incluir un problema y una solución. Tercero, deben escribir el diálogo correspondiente. Cuarto, deben representar el nuevo drama ante los socios del club. Se puede completar el proceso en una clase o en varias clases seguidas. Es importante que Uds. den la obra en clase.

B. ¡Viva Hollywood!

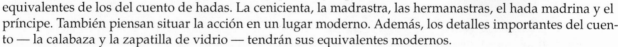

Imágenes S.A., compañía cinematográfica de renombre creciente, ha anunciado su próximo proyecto. Ha decidido basar una película sobre el viejo cuento de hadas "La cenicienta"*(Cinderella)*. Piensan rodar una versión moderna de la obra. Quieren encontrar, en el mundo de hoy, personajes que sean los equivalentes de los del cuento de hadas. La cenicienta, la madrastra, las hermanastras, el hada madrina y el príncipe. También piensan situar la acción en un lugar moderno. Además, los detalles importantes del cuento — la calabaza y la zapatilla de vidrio — tendrán sus equivalentes modernos.

Puesto que en Imágenes S.A. se preocupan mucho por la calidad de sus obras, les ruegan a Uds., aficionados extraordinarios del cine, que les ayuden a establecer los particulares. Desean sus consejos sobre:

- ◆ cuál será la situación moderna
- ◆ cómo serán los personajes modernos
- ◆ cómo se vestirán los personajes
- ◆ cuándo deben usar las técnicas cinematográficas como el primer plano *(close-ups)*, el "fade out" y los efectos especiales
- ◆ qué tipo de música es apropiado

Si Uds. tienen tiempo, pueden sugerir:

- ◆ qué actores y actrices de hoy son los mejores para los papeles de la cenicienta y de los demás personajes

♦ quién sería el(la) mejor director(a)

Divídanse en grupos de cuatro a seis estudiantes. Cada grupo debe elegir un(a) secretario(a). Formulen sus sugerencias para la película. Luego, tendrán la oportunidad de presentárselas a sus compañeros.

C. La fama y la fortuna

Hace mucho tiempo que Cine Futurístico, antes un gran poder en la industria cinematográfica, no ha tenido éxito financiero. Sus últimas películas, *Guardián de la noche* y *Mi amigo Jorge* tenían cierto valor artístico pero el público las odió. Ahora, en un último intento de cambiar la situación, los cineastas de Cine Futurístico han decidido buscar una nueva actriz (un nuevo actor) para una película que se titulará *El último beso.* Piensan que esta "cara nueva" puede volverse una estrella de cine y, a la vez, salvar a la compañía proporcionándole un gran éxito.

Divídanse en dos grupos. La mitad de Uds. será los agentes de Cine Futurístico que están buscando un actor o una actriz para *El último beso.* Cada uno(a) de Uds. debe tomar unos minutos para pensar en qué tipo de persona busca. Por ejemplo, debe decidir:

♦ si es hombre o mujer.
♦ cuántos años tiene.
♦ qué atributos físicos tiene. ¿Es alto(a)? ¿Delgado(a)? ¿Hay algo que lo(la) distingue?
♦ qué tipo de personalidad tiene.
♦ qué experiencia ha tenido.

Tome apuntes que le ayuden más tarde.

La otra mitad de la clase será agentes de actores o actrices que hasta ahora no han encontrado buenos papeles. Buscan la fama, pero ni siquiera han trabajado con frecuencia. Cada uno(a) de Uds. debe tomar unos minutos para pensar en la persona a quien representa. Por ejemplo, debe tratar de recordar:

♦ cuántos años tiene.
♦ qué atributos físicos tiene. ¿Es alto(a)? ¿Delgado(a)? ¿Hay algo que lo(la) distingue?
♦ qué tipo de personalidad tiene.
♦ qué experiencia ha tenido.

Tome apuntes que le ayudarán más tarde.

Ahora, los agentes de Cine Futurístico y los agentes de los actores se reunirán aquí en las oficinas de la compañía. Levántense y caminen por la sala. Lleven sus apuntes. Cuando un(a) agente del estudio y un(a) agente de un actor o una actriz se encuentren, deben tratar de llegar a un acuerdo. Si la diferencia entre lo que uno(a) busca y lo que el(la) otro(a) ofrece es demasiado grande, corten la discusión y busquen otras posibilidades. Recuerden que a veces es necesario llegar a un arreglo, pero no se pueden olvidar totalmente de sus intenciones. Cuando por fin encuentren una persona y una oferta de trabajo, discutan los términos del contrato.

*P*OR ESCRITO

En clase

. . . **A.** Escriba una reseña de una obra teatral o película. Evalúe el elenco, la trama, la dirección y la escenografía.

. . . **B.** La trama queda así: Ramón y Juanita están enamorados. Es lindo, ¿no? No. Hay un problema grave: la familia de él y la familia de ella se odian. Están completamente opuestos al matrimonio de los jóvenes. De repente, se rompe la película. Ahora, escriba el diálogo que pudieran haber tenido Ramón y Juanita acerca de su futuro.

Fuera de clase

. . . **A.** Marta Rojas, la directora de Teatro Omega, está buscando obras nuevas para el repertorio de su compañía. Cada año, representan obras de los grandes dramaturgos como Lope de Vega, Shakespeare, Ibsen, Strindberg, Sartre y García Lorca. Pero también quieren darles oportunidades a los nuevos dramaturgos.

VERONICA CASTRO Y GUILLERMO CAPETILLO

TODOS LA QUIEREN VER Y TODOS LLEGARAN A QUERERLA.

ROSA SALVAJE
A LAS 7:00 PM POR WLTV **23** LO NUESTRO

Marta Rojas le pide a Ud., dramaturgo(a) de reputación ascendente, que escriba una obra en un acto (sólo dos o tres páginas). Ud. puede tratar cualquier tema y utilizar el número de personajes que prefiera. Le pide solo una cosa: que el final sea feliz. Marta Rojas cree que ya hay bastante tragedia en este mundo.

. . . **B.** Susana Festín es una actriz que ha tenido una larga y variada carrera. Sus películas han tenido éxito comercial y hace unos años ella fue nombrada para un *Oscar* por su papel en *Mujer sin lágrimas*. Pero últimamente parece que el público se ha cansado de ella. Se les ha ocurrido a los cineastas que sería una buena idea publicar la autobiografía de Susana. Esperan que con ésta se renueve el interés en Susana. Pero hay un problema — Susana Festín es una gran actriz pero no es escritora de talento. Los cineastas le ruegan a Ud. que colabore con ella y que le escriba su autobiografía.

Ud. puede empezar con una selección corta. En este trozo, puede describir algunas experiencias inolvidables. Recuerde que no todas las historias tienen que ser del todo veraces, pero sí deben ser fascinantes.

. . . **C.** Escríbale una carta a su actor o actriz de cine preferido(a). Explíquele por qué él o ella es el actor o la actriz que más admira, qué importancia ha tenido y sigue teniendo él o ella para Ud., y por qué le gustó tanto su última película.

A note las aventuras interesantes y las experiencias importantes que Ud. ha tenido recientemente. Describa en detalle lo que le pasó a Ud., cómo se sintió y de qué se enteró. Describa, en particular, sus experiencias con el teatro y el cine. Si Ud. fue a ver una obra teatral o una película u otro espectáculo, escriba acerca de sus reacciones y comente.

Si Ud. ha visto una obra de teatro en español o una película en el cine, videocassete o la televisión, descríbala. Mencione lo que entendió y qué observó acerca del estilo de la obra y la actuación. Si Ud. ha hablado con un(a) hispano(a) sobre el teatro de su país, resuma la información que le dio a Ud.

Después de escribir en su diario, elija las selecciones que más querría mostrarle a un(a) compañero(a) de clase. En parejas, léanlas y compárenlas.

Anselmo y Cristina son aficionados entusiastas del teatro y del cine. En su ciudad participan en Teatro Alfa, donde actuaron en obras del argentino Osvaldo Dragún, del mexicano Carlos Solórzano y del chileno Jorge Díaz. Además, han leído mucho teatro norteamericano; les gustan Eugene O'Neill, Tennessee Williams, Arthur Miller y, de la nueva generación, Mark Medoff.

También pertenecían a un cine club allí donde podían ver películas del mundo entero, pero sobre todo de España, Italia, Francia, Japón, Argentina y México.

Por lo tanto, Anselmo y Cristina les piden consejos a Uds. Querrían saber:

◆ ¿dónde y a qué precio dan el mejor teatro en esta comunidad? ¿Hay funciones gratis?
◆ ¿qué tipo de obras representan en general? ¿Podrían dar algunos ejemplos?
◆ si hay teatros que den obras en español, ¿dónde quedan?
◆ ¿cuáles son los mejores cines para ver películas nuevas? ¿Y las de otra época? ¿Hay funciones gratis?
◆ ¿dónde se estrenan películas de otros países?
◆ en este momento, ¿quiénes son las estrellas de cine más importantes?
◆ ¿dónde se pueden comprar videocaseteras (VCRs) y cuánto cuestan? ¿Es posible alquilar un aparato? ¿Cuál es el mejor lugar para el alquiler de cintas? ¿Cuánto cuéstan?
◆ si hay una compañía de teatro en la universidad o en la comunidad en la cual ellos puedan actuar en castellano o en inglés, ¿dónde y cómo deben presentarse?

Con un(a) compañero(a) o un grupito conteste estas preguntas. Haga una lista de las respuestas.

PREGUNTAS

1. "El mundo entero es un escenario" dijo Shakespeare; Pedro Calderón de la Barca escribió una obra titulada *El gran teatro del mundo*. En la vida cotidiana, ¿cómo se actúa o se representa un papel? ¿Se parece el teatro a la vida? ¿Cómo es diferente?

2. Las estrellas de cine, en muchos casos, aun después de morir, tienen una enorme importancia. ¿Son como pequeños dioses y diosas? ¿Por qué son tan admirados? ¿Qué función tienen?

3. Muchos actores y actrices sufren la pobreza por años en vez de dejar su profesión. ¿Cómo se explica este celo *(zeal)* profesional?

4. ¿En qué se diferencian el oficio de un actor de teatro y uno de cine?

5. En muchas partes de los Estados Unidos, las funciones de teatro son muy caras. A veces una buena entrada cuesta más de $35 y una mediocre más de $20 . Entonces, la mayoría de la gente no puede ir al teatro o va muy raramente. ¿Qué soluciones habrá para esta situación?

6. Salvo en algunas grandes ciudades y en algunas universidades, son muy raros los cines en que se estrenan películas extranjeras. ¿A qué se debe esto?

7. ¿Es preferible ver una película nueva en un cine o en videocassette? Explique su respuesta.

8. ¿Qué influencia tiene el cine en la vida cotidiana? ¿Cuáles efectos puede tener una película sobre los que la ven y aun sobre los que viven en la comunidad donde la presentan?

9. ¿En qué depende el éxito de una obra de teatro o de cine?

10. Muy a menudo, las películas de mucha violencia tienen mucho éxito. ¿Por qué acepta y aun busca la violencia el público?

CAPITULO 7

Si Ud. tiene la suerte de conocer a algunos niños hispanos, aproveche cualquier oportunidad que tenga para hablarles. Pregúnteles sobre sus familias, sus escuelas y las reglas disciplinarias que tienen que seguir. Pídales que le expliquen a Ud. su juego favorito o que le enseñen una canción.

A. En una biblioteca pública con una sección de libros en español, busque algunos libros para niños. Lea fragmentos de varios tipos de libros. ¿De qué tratan? ¿Cómo son los cuentos? ¿Los dibujos? ¿Enseñan estos libros o entretienen solamente?

B. Con la ayuda de un libro o un(a) amigo(a) hispano(a), aprenda a jugar un juego hispano.

C. Hable de la niñez con un(a) estudiante extranjero(a) u otro(a) hispano(a) que Ud. conozca. Pregúntele acerca de su juventud. ¿Qué recuerdos le son más claros e intensos? Pregúntele también sobre la educación de los niños. ¿Qué tipo de disciplina prefieren en su comunidad? En general, ¿cómo es la relación entre padres e hijos?

RECUERDOS dela INFANCIA

✴

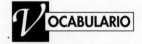

He aquí palabras que le serán útiles cuando Ud. hable o escriba acerca de los recuerdos de la infancia.

el columpio *(swing)*, la cometa *(kite)*, el globo *(balloon)*, el payaso *(clown)*, el sube y baja *(seesaw)*, la caña de pescar *(fishing rod)*, la muñeca *(doll)*, el modelo, el jardín de infancia *(kindergarten)*, la caja *(box)*, la pelota *(ball)*, el ropero *(clothes closet)*, el rompecabezas *(puzzle)*, los títeres *(puppets)*, la cuerda *(rope)*

armar *(put together)*, adivinar *(to guess)*, espiar, empujar *(to push)*, esconderse *(to hide oneself)*, lastimarse *(to hurt oneself)*, vigilar *(to keep guard)*, pedir prestado *(to borrow)*

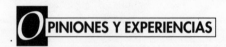

. . . **1.** ¿Cómo interpretaría Ud. el dibujo? ¿En qué le hace pensar?
. . . **2.** Cuando Ud. piensa en su niñez, ¿cuáles son sus recuerdos más claros?
. . . **3.** ¿Cómo era ser niño(a) en la ciudad? ¿En las afueras? ¿En el campo?
. . . **4.** Cuando Ud. era niño(a), ¿quiénes le influían más?
. . . **5.** ¿Qué juguetes recuerda Ud.?
. . . **6.** ¿Qué dibujos animados *(cartoons)* le gustaban a Ud.? ¿Y ahora?
. . . **7.** ¿Qué recuerda Ud. de la escuela primaria? ¿Hay momentos que Ud. recuerda muy claramente?

✴

✳

relatar; facilitar un relato

La persona que relata una experiencia, historia o cuento debe ayudarle a su oyente a entender qué pasó. El(la) narrador(a) debe organizar los hechos en un orden lógico. Debe explicar las causas y los efectos, poner en relieve lo importante y llegar a una conclusión.

El(la) oyente puede facilitar el proceso. Cuando algo no resulta claro, puede **pedir una aclaración** o más información, y puede **comentar** para mostrarle a la persona que habla que ha entendido y para pedirle que siga. Siguen algunas expresiones que le ayudarán a Ud. a **relatar** algo o **facilitar un relato.**

Para relatar

Una vez, recuerdo que…	Tercero,…
Lo que pasó fue que…	Entonces,…
Como era…	Después,…
Me acuerdo que…	Como resultado,…
Le(te) informo que…	Desde luego,…
Le(te) digo que…	Lo más importante es…
Ud.(Tú) debe(s) saber que…	Y también,…
Además,…	Por fin,…
Sucede que…	Para terminar,…
Primero,…	El colmo es que…
Segundo,…	

✳

Para facilitar un relato

Para pedir una aclaración

¿Me está(s) diciendo que…

¿Está(s) Ud. (tú) seguro(a) que…

¿Cómo es…?

Cuénteme (Cuéntame) un poco más.

Explíquemelo (Explícamelo) otra vez.

Sea (Sé) más explícito(a), por favor.

Quiere(s) decir que…

¿Qué quiere(s) decir…?

Para comentar

¡Eso sí que es interesante!

¿Sí? Yo no sabía.

¡No me diga(s)!

¡Qué cosa!

¡No diga(s) ridiculeces!

¡Qué maravilla!

Véanse también las expresiones para **interrumpir** en la página 132 y **comentar sobre una sugerencia** en la página 26.

En parejas, van a practicar a **relatar** y a **facilitar un relato.** El(la) Estudiante A debe relatar una experiencia que tuvo cuando era niño(a). El(la) Estudiante B debe facilitar el relato pidiendo aclaraciones o comentando.

EJEMPLO

El(la) Estudiante A: **Le digo que** yo era el(la) mejor estudiante de mi clase.

El(la) Estudiante B: ¿**Me está diciendo que** Ud. nunca sacó una "B"?

Luego, los próximos dos estudiantes toman su turno haciendo el papel de A o B mientras el resto de la clase escucha. Así siguen hasta que todos hayan participado. Cuando hablen, deben emplear las expresiones de las páginas 100-101.

Ahora, van a practicar a relatar y a facilitar un relato en una situación más compleja.

A Demetrio Alcázar y Beatriz Sanasarro les gusta comparar recuerdos de su infancia. Hace mucho tiempo que ellos fueron niños. Es una época tan lejana que solamente ellos pueden recordarla. Ambos tienen buena memoria y recuerdan muchos incidentes de su niñez, pero a veces exageran o cambian los detalles.

Cuando hablan entre sí, cuentan sus experiencias. A veces, Demetrio comenta acerca de los talentos especiales de su perro o recuerda un fantasma que vivía en el arroyo cerca de su casa.

Beatriz habla de su gato inteligentísimo y los viajes que hacía.

Con un(a) compañero(a), represente la conversación de Demetrio y Beatriz. Cuando una persona cuente un recuerdo, la otra le pregunta algo o comenta sobre lo que ha dicho. Después de un rato, el(la) otro(a) habla de sus recuerdos, y así siguen alternando. Antes de comenzar, piense unos momentos en los recuerdos que pueda usar. Haga una lista de recuerdos. Anote especialmente recuerdos largos y desarrollados que son más como cuentos. Ud. puede hablar de:

- los hermanos y otros parientes
- los animales domésticos
- los amigos y enemigos
- los juegos
- la escuela
- los días feriados
- los viajes

Cuando hablen, deben usar las expresiones de las páginas 100-101.

PRESENTACIONES

. . . **A.** Traiga una foto vieja de sí mismo(a) o de su familia a la clase. Explíquele la importancia de esta foto a la clase.

. . . **B.** Desarrolle, con todos los detalles posibles, un recuerdo de su niñez. Descríbaselo a la clase (o a un grupo de cinco estudiantes).

. . . **C.** Explíquele a la clase un juego que Ud. jugaba o (aun mejor) que Ud. inventó.

. . . **D.** Relate una historia espantosa que Ud. recuerda de su niñez.

. . . **E.** Describa un día (o su primer día) de escuela.

. . . **F.** Describa un animal doméstico *(pet)* que Ud. recuerda bien.

. . . **G.** Como se puede ver, éste es el boletín de calificaciones de una excelente alumna de quinto grado. Léalo con cuidado hasta que entienda todas las referencias. Luego, piense en su propia clase de quinto grado. Usando este boletín como modelo, componga el que Ud. habría recibido si hubiera estudiado en esta escuela. Presente su boletín de calificaciones a la clase o a un grupo de compañeros de clase.

BOLETIN DE CALIFICACIONES PERTENECIENTE A: *Liliana Feierstein* GRADO: 5º SECCION: 5ª TURNO: *completo*

BIMESTRE	AREAS FORMATIVAS									APRECIACION PERSONAL						CONTROL DE ASISTENCIA			FIRMAS		
	LENGUA	MATEMATICA	CIENCIAS DE LA NATURALEZA	ESTUDIOS SOCIALES	ACTIVIDADES PRACTICAS	EDUCACION PLASTICA	EDUCACION MUSICAL	EDUCACION FISICA	IDIOMA EXTRANJERO	COLABORACION	RESPONSABILIDAD	COMPORTAMIENTO EN LA ESCUELA	ASEO Y PRESENTACION	SE DESTACA EN:	TIENE DIFICULTADES EN:	ASISTENCIAS	INASISTENCIAS	LLEGADAS TARDES	MAESTRO	DIRECTOR	PADRE, TUTOR O ENCARGADO
1o.	MB	MB	MB	MB	MB	MB	MB	MB	MB	MB	MB	MB	MB	Lectura y Redacción	—	Mayo 3 39	–	1			
2o.	MB	S	MB	MB	MB	S	S	MB	MB	MB	MB	MB	MB	Lengua	—	42	3	–			
3o.	MB	S	MB	MB	MB	S	S	S	MB	MB	MB	MB	MB	Matemát. Lengua	—	42	7	–			
4o.	MB	S	S	S	S	S	S	MB	MB	MB	MB	MB		—	—	42	2	1			

NOTA: Escala Conceptual: S, sobresaliente; MB, muy bueno; B, bueno; R, regular; I, insuficiente.

Escala Numérica: 10, sobresaliente; 8 y 9 muy bueno; 6 y 7 bueno; 4 y 5 regular; 1, 2 y 3 aplazado.

Sínte is Anual: *¡Excelente alumna. Felicitaciones!*

Promovido a: *sexto grado.*

Firma y Sello del Director:

CONSTANTE BUENAS OTERO
DIRECTOR
ESC. J. C. Nº 10 – D 5. 10º
SECRETARIA DE EDUCACION

Este boletín informa sobre el progreso del alumno, teniendo en cuenta el grado de madurez y ritmo de aprendizaje en las distintas áreas del curriculum así como también la formación de sus hábitos, habilidades y actitudes valorativas dentro del ámbito escolar y sus intereses particulares para las distintas actividades.

❋

 **SCUCHAR**

. . . .

Cómo? ¿Uds. no creen que sea posible viajar atrás en el tiempo? Escuchen bien, porque van a enterarse de una máquina extraordinaria con la cual es posible visitar a su propio pasado.

He aquí algunas palabras que les ayudarán a entender: dispositivos *(devices)*, palanca *(lever)*.

Ahora escuchen y tomen apuntes.

Para discutir

¡Qué suerte! Uds. también tienen la oportunidad de utilizar la máquina. En parejas, usen la máquina como ayuda para recordar los días de la escuela primaria. Cada uno(a) de Uds. debe agregar por lo menos tres memorias.

Para escribir

En una carta a un antiguo maestro o una antigua maestra, describa su visita a la escuela primaria. Mencione los detalles que recuerda y cómo Ud. se sintió durante la visita y después.

 **CTIVIDADES**

. . . .

A. Recuerdos, recuerdos

Uds. habrán leído en alguna parte que la casa editorial "Recuerdo" está por publicar un libro de fotos y dibujos. Se titulará *Recuerdos de la infancia* y tratará el tema con gran variedad y percepción. Las fotografías que van a usar en el libro están en la página siguiente, pero les hacen

❋

falta los comentarios escritos. Estos deben ser leyendas *(captions)* que les ayuden a los lectores a comprender y a gozar de las ilustraciones. Hasta el momento, los comentarios de los escritores profesionales no tienen la intuición ni la sensibilidad necesaria.

Todos conocen la reputación que tienen Uds., con sus excelentes poderes de interpretación. Por eso se les ofrece la tarea de escribir leyendas para las ilustraciones del primer capítulo. Si los resultados son tan buenos como se espera, recibirán el contrato para terminar el libro.

Divídanse en grupos de cuatro a seis escritores. Deben elegir un(a) secretario(a). Cada grupo debe componer una serie de leyendas. Describan las escenas de las fotografías. Expliquen lo que pasa y, más importante, el aspecto sentimental de cada una. Luego, cada grupo tendrá la oportunidad de presentarles las leyendas a los compañeros de clase.

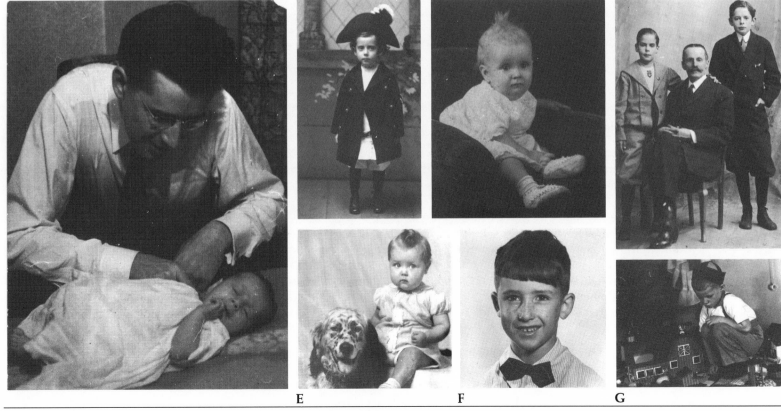

A B C D E F G

B. La maestra perfecta

— ISLA AZUL, 20 de marzo de 19 —

Anunciaron ayer que Juana Truel, maestra de la escuela primaria "Simón Bolívar", va a jubilarse en junio después de una carrera de más de cuarenta años de enseñanza en dicha institución. Al hacer pública la jubilación, Constanza Buezas Otero, directora de la escuela, proclamó: "Ha llegado el momento en que nuestra querida señora Truel deja de ejercer su profesión. Es justo que nosotros, que la amamos tanto, festejemos la ocasión con un banquete en su honor. He elegido el jueves, 14 de mayo para que honremos a la Sra. Truel. Los invito a todos Uds. que han sido alumnos de ella a participar en este acto. Les agradecería que cada uno escribiera un discursito en su honor."

La directora agregó que los que estén interesados en asistir deben llamar directamente a la oficina central de la escuela; tél. 83-44-25.

Ud. quiere ir al banquete y participar, ya que fue alumno(a) de la señora Truel. Primero, prepare el discursito. Debe contar un recuerdo que tenga de la Sra. Truel cuando era maestra suya. Mencione lo que aprendió de ella en su clase: ideas, valores, etc. Su discursito debe ser de dos minutos. Ud. tendrá la oportunidad de decir emotivas palabras en el banquete, delante de sus compañeros de clase, todos ex-alumnos de la señora Truel.

C. En un país lejano

En la librería "Los chiquitines", que se especializa en literatura para niños, apareció un día un libro muy raro. Obviamente muy viejo, el volumen tiene una tapa de cuero muy gastado y papel que se descompone si se toca sin tener cuidado. No se sabe de dónde vino el libro.

Pero resulta que hay algo aun más extraño. A través de los años, el texto se ha vuelto cada vez más ilegible y ahora es imposible leer las palabras que cuentan la historia. Curiosamente, hay nueve grabados que son bastante claros. Se supone que éstos funcionaron como ilustraciones al texto perdido.

Hasta ahora nadie ha podido descifrar el mensaje de estos dibujos. Sabiendo que Uds. son expertos en literatura juvenil, el dueño de la librería les pide a Uds. que escriban otra vez la historia desaparecida del libro antiguo. El espera que Uds. empleen los nueve grabados como base y que restablezcan las conexiones entre ellos. Compongan una historia que les encante a los niños.

Divídanse en grupos de cuatro a seis expertos en literatura juvenil. Se debe elegir un(a) secretario(a). Desarrollen una historia basada en los grabados que siguen. Luego, tendrán la oportunidad de relatarles la historia a los compañeros de clase.

Expresiones para empezar un cuento

En un país lejano…
Erase una vez…
Había una vez…

Expresión para terminar un cuento

Vivieron felices y comieron perdices.

P OR ESCRITO

En clase

. . . **A.** Presente a un niño o una niña que Ud. conoce bien. Describa su físico, su temperamento, y cómo se viste normalmente. Cuente una anécdota que refleje su personalidad.

. . . **B.** Describa un lugar que Ud. recuerda de su niñez. Explique por qué era importante y por qué lo recuerda. Si está asociado a una persona o un grupo, menciónelo también.

Fuera de clase

. . . **A.** La casa editorial "Libro del niño" busca autores para escribir cuentos para su nueva serie. Esta editorial está orgullosa de su reputación de ser la más original de todas las que publican libros para el mercado juvenil. Le piden a Ud., que conoce tan bien a los niños y sus gustos, que escriba un cuento distinto para niños. Su cuento puede incluir dibujos.

. . . **B.** Describa un suceso *(event)* desde el punto de vista de un niño o una niña de doce años. El incidente puede ser la llegada de un(a) nuevo(a) hermanito(a), la boda de un(a) hermano(a) mayor, una reunión de familia, una mudanza a un nuevo lugar u otra cosa por el estilo. Describa todo como si tuviera lugar hoy.

. . . **C.** Haga una lista de consejos para una persona que tiene por lo menos cinco años menos que Ud. (Si Ud. prefiere, la persona puede ser mucho más joven). Déle consejos acerca de cómo debe vivir y, si Ud. quiere, algunas sugerencias sobre la moralidad.

. . . **D.** Describa los tres recuerdos más importantes que tiene. ¿Hay algo en común entre los tres? ¿Hay algo que se puede aprender de ellos?

*A*note las aventuras interesantes y las experiencias importantes que Ud. ha tenido recientemente. Describa en detalle lo que le pasó, cómo se sintió y de qué se enteró. Escriba sobre todo acerca de su propio pasado y los niños que Ud. conoce actualmente. Mantenga una lista de recuerdos emocionantes o sorprendentes e interprete su importancia. Describa por lo menos a un niño o una niña con quien Ud. haya hablado o a quién Ud. haya observado.

Describa un juego infantil hispano o algún ejemplo de literatura para niños en español. Si ha hablado con un(a) hispano(a) de sus recuerdos y de sus opiniones sobre la niñez en su cultura, resuma lo que Uds. discutieron.

Después de escribir en su diario, elija las secciones que más querría mostrarle a un(a) compañero(a) de clase. En parejas, léanlas y compárenlas.

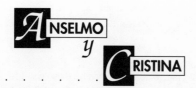

Hasta ahora, Anselmo y Cristina no tienen hijos, pero algunos de sus amigos norteamericanos los tienen. En poco tiempo, Anselmo y Cristina han llegado a tenerles mucho cariño a estos niños. Querrían darles regalos a cada uno(a) pero no pueden gastar mucho. Por lo tanto han decidido ofrecerles experiencias que puedan recordar u objetos que deseen guardar. Por ejemplo, un chico irá a un concierto de música folklórica y una chica explorará las cavernas en un parque nacional. Anselmo le dará a otro chico una colección de sellos de su país y Cristina ofrecerá un cuadro que pintó. Cómo hay tantos chicos, les hacen falta muchas ideas más.

Con un(a) compañero(a) o un grupito, haga una lista de regalos — experiencias o cosas especiales. Traten de ser realistas — Anselmo y Cristina no son ricos ni tienen poderes mágicos.

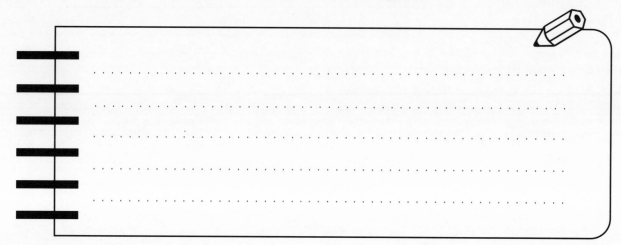

*

℘REGUNTAS

. . . .

. . . **1.** Se dice que "El niño es padre del hombre". ¿Qué quiere decir esto? ¿Es cierto?

. . . **2.** ¿Cuáles son las ventajas de ser niño(a)? ¿Las desventajas?

. . . **3.** ¿Cómo deben comportarse los niños? ¿Cuál es la mejor manera de disciplinarlos?

. . . **4.** ¿Hay aspectos de la educación primaria que se deben cambiar? ¿Cómo se pueden mejorar los colegios?

. . . **5.** ¿Cuáles son las ventajas y desventajas de tener cuatro o más hijos en una familia? ¿De tener dos o tres? ¿De tener un hijo? ¿De no tener hijos?

. . . **6.** ¿Por qué son tan populares los parques como Disneylandia?

. . . **7.** ¿Cuáles son las características un buen cuento infantil?

. . . **8.** ¿Cómo deben ser los programas de televisión que están dirigidos a los niños? ¿Cuál es la función de la violencia en estos programas? ¿Deben eliminarla?

. . . **9.** ¿Cómo deben ser los anuncios dirigidos a los niños?

*

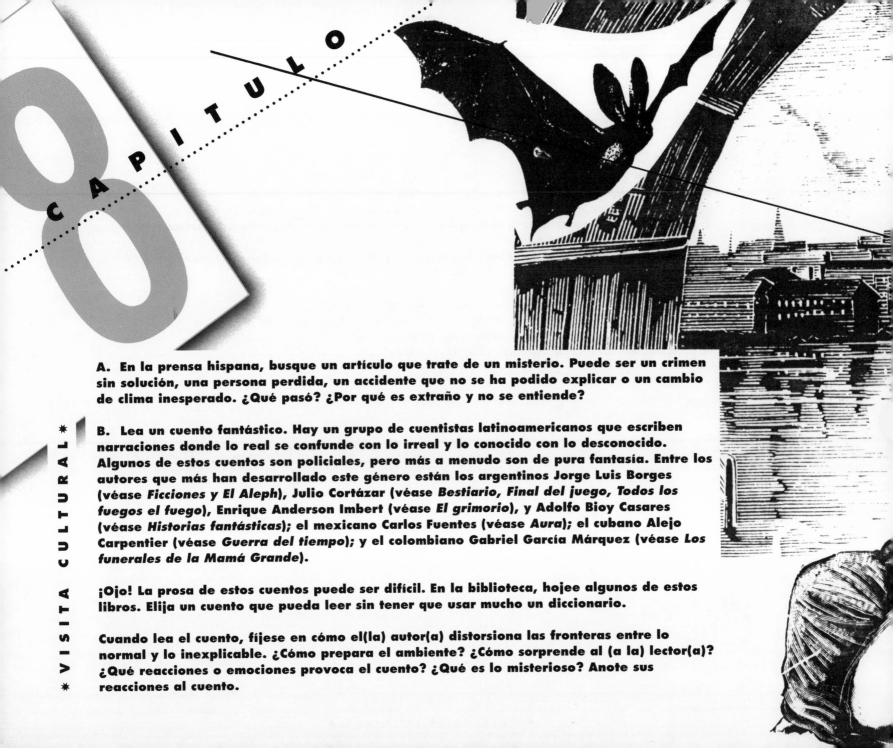

CAPITULO 8

VISITA CULTURAL

A. En la prensa hispana, busque un artículo que trate de un misterio. Puede ser un crimen sin solución, una persona perdida, un accidente que no se ha podido explicar o un cambio de clima inesperado. ¿Qué pasó? ¿Por qué es extraño y no se entiende?

B. Lea un cuento fantástico. Hay un grupo de cuentistas latinoamericanos que escriben narraciones donde lo real se confunde con lo irreal y lo conocido con lo desconocido. Algunos de estos cuentos son policiales, pero más a menudo son de pura fantasía. Entre los autores que más han desarrollado este género están los argentinos Jorge Luis Borges (véase *Ficciones y El Aleph*), Julio Cortázar (véase *Bestiario, Final del juego, Todos los fuegos el fuego*), Enrique Anderson Imbert (véase *El grimorio*), y Adolfo Bioy Casares (véase *Historias fantásticas*); el mexicano Carlos Fuentes (véase *Aura*); el cubano Alejo Carpentier (véase *Guerra del tiempo*); y el colombiano Gabriel García Márquez (véase *Los funerales de la Mamá Grande*).

¡Ojo! La prosa de estos cuentos puede ser difícil. En la biblioteca, hojee algunos de estos libros. Elija un cuento que pueda leer sin tener que usar mucho un diccionario.

Cuando lea el cuento, fíjese en cómo el(la) autor(a) distorsiona las fronteras entre lo normal y lo inexplicable. ¿Cómo prepara el ambiente? ¿Cómo sorprende al (a la) lector(a)? ¿Qué reacciones o emociones provoca el cuento? ¿Qué es lo misterioso? Anote sus reacciones al cuento.

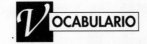

VOCABULARIO

He aquí palabras que le serán útiles cuando Ud. hable o escriba acerca de los misterios.

el hechizo *(spell)*, el(la) brujo(a), los espíritus, la magia, el amuleto, el filtro *(love potion)*, la superstición, la brujería, el talismán, el(la) adivino(a) *(fortuneteller)*, la astrología, el incienso, el exorcista, el horóscopo, la quiromancia *(palm reading)*, el(la) fantasma *(ghost)*, la falsificación *(forgery)*, el cadáver, la característica, la dosis *(dose)*, el indicio *(clue)*, la celda *(cell)*, la cárcel, el(la) delincuente, el asesinato *(murder)*, el(la) asesino(a) *(murderer)*, las huellas digitales *(finger prints)*, el robo, la coartada *(alibi)*, el trompazo *(punch)*, el cortaplumas *(penknife)*, el balazo *(shot)*

encantar, hechizar *(to put a spell on)*, prever, echar las cartas *(to read the cards)*, averiguar *(to investigate)*, recobrar, sangrar *(to bleed)*, callarse *(to be quiet)*, avisar *(to notify)*, cambiarse de ropa

boca arriba *(face up)*, boca abajo *(face down)*, culpable, trastornado *(upset)*, espantoso *(terrifying)*, miedoso *(fearful)*, espectral *(ghostly)*, embrujado *(haunted)*

OPINIONES Y EXPERIENCIAS

1. ¿Cómo interpretaría Ud. el dibujo? ¿En qué le hace pensar?
2. ¿Cree Ud. en lo sobrenatural? ¿Por qué sí o por qué no?
3. ¿Consultaría Ud. a un(a) adivino(a)? ¿Por qué sí o por qué no?
4. ¿Qué más le deja perplejo(a) a Ud.? ¿Cuáles son los fenómenos o situaciones que Ud. simplemente no comprende?
5. ¿Ve Ud. programas basados en relatos policiales en la televisión? ¿Lee Ud. novelas policíacas? ¿Qué hay en estos programas y estas novelas que le encanta a Ud.?

SITUACIONES ANIMADAS

advertir; rechazar una advertencia

Si alguien le anuncia que piensa hacer algo que a Ud. le parece tonto o, aun peor, peligroso, es imperativo que se lo diga, ¿verdad? Desgraciadamente, ocurre que los buenos consejos no se reciben con gratitud; hay rechazos y aun críticas. Siguen algunas expresiones que le ayudarán a expresarse mejor cuando quiera **advertir** o **rechazar una advertencia**.

Para advertir

¡Cuidado!
Tenga(Ten) cuidado cuando…
Piense(a) en lo que va(s) a hacer.
Yo que Ud. (tú),…
Si sigue(s) así,…
No es una buena idea que + (subjuntivo)…
Ni se le (te) ocurra.
Sería un desastre si…
¡Qué se le (te) pase por la cabeza!
Ud. (Tú) va(s) a ver…
No debe(s)…
Por favor, no + *(command)*…
¡Por favor, no lo haga(s)!

Para rechazar la advertencia

Eso no es nada.
No me preocupa…
No creo que + (subjuntivo)…
No sea(s) absurdo(a)…
No hay problema.
No habrá ningún problema.
Yo sé que…
No creo que…
Estoy seguro(a) de que…
¡Cálmese! (¡Cálmate!)
Es un disparate.
¡Tranquilo!
No me diga(s).
¡No es para tanto!
Por favor,…
¡Caray!

Véanse también las expresiones para **contradecir una evaluación** en la página 84.

En parejas, van a practicar a **advertir** y a **rechazar una advertencia**. El(la) Estudiante A debe advertirle al(a la) Estudiante B acerca de ciertas situaciones peligrosas. El(la) Estudiante B debe rechazar sus opiniones.

EJEMPLO

El(la) Estudiante A: **Yo que tú** no iría al concierto de música rock. Puede ser peligroso.

El(la) Estudiante B: **No seas absurdo(a),** nunca pasa nada malo en esos conciertos.

Luego, los próximos dos estudiantes toman su turno haciendo el papel de A o B mientras el resto de la clase escucha. Así siguen hasta que todos hayan participado. Cuando hablen, deben usar las expresiones que se encuentran en la página 116.

Ahora van a practicar a advertir y rechazar una advertencia en una situación compleja.

En una finca que queda a unas millas de un pueblo que se llama Malahierba, hay una casa vieja que está en ruinas. Muchos dicen que es una "casa embrujada". Allá vivía una anciana con su gato negro, pero hace años que nadie los ha visto. Los rumores dicen que viajeros que han pasado cerca de la casa han oído una risa macabra y han visto una luz espectral que parecía venir del pequeño cementerio que está al lado de la casa.

Miguel Mendoza, un estudiante universitario, ha decidido visitar la casa para resolver el misterio de una vez por todas. Hay muchas tormentas en esta estación del año y el coche de Miguel no funciona bien cuando llueve, pero, a pesar de eso, piensa ir allá esta tarde.

Su amigo Wilfredo Cordero es una persona prudente y cuidadosa. Cree que la vida es bastante peligrosa de por sí. Cuando se entera del plan de Miguel, se siente muy trastornado. Decide que debe advertirle a su amigo de los riesgos que le esperan.

Con un(a) compañero(a), represente la conversación de Miguel Mendoza y Wilfredo Cordero. Uno(a) de Uds. debe ofrecer una serie de advertencias y el(la) otro(a) rápidamente las rechaza. Durante la conversación, deben usar las expresiones de la página 116.

RESENTACIONES

. . . **A.** Demuestre cómo se resuelve un rompecabezas o un problema de lógica.

. . . **B.** Trate de asustar a sus compañeros de clase contándoles un
cuento que trata de espectros, fantasmas u otras fuerzas
peligrosas e inexplicables.

. . . **C.** Describa una experiencia psíquica que Ud. tuvo que no
tiene explicación lógica o una coincidencia que no pudo
haber sido una coincidencia.

. . . **D.** Haga un truco mágico y luego describa como lo hace.

. . . **E.** Ud. tiene la gran suerte de ser dueño(a) de una muñeca
astral. Relate cómo le ha beneficiado a Ud. hasta ahora.
Diga qué le pedirá hoy y por qué. Defienda el hecho de que
Ud. depende de la muñeca astral.

ESCUCHAR

A veces pasan cosas en la vida que son difíciles de explicar. Ciertos
sucesos como una luz brillante en el cielo nocturno o acciones inesperadas e insólitas de animales salvajes
pueden confundir aún a los científicos. Actualmente sucede que en el pueblo de Las Cuevas está ocurriendo
una serie de cosas extrañas. Un reportero les va a describir la escena y permitirles escuchar los muchos
sonidos raros que hay allí.

Escuchen bien y tomen apuntes.

Para discutir

En parejas, expliquen lo que pasa en Las Cuevas. Su análisis debe basarse en los sonidos extraños que acaban de escuchar.

Para escribir

Un año después de los problemas de Las Cuevas, le piden que escriba un artículo para una revista hispana en cual Ud. debe explicar todo lo que ya se ha descubierto sobre las causas de los fenómenos que ocurrieron en Las Cuevas. Describa también cómo ha cambiado el pueblo en el año que ha pasado desde aquellos días terribles.

A. A sus órdenes

El gran Leonardo Sarduy es un mago de tantos poderes que lo nombran "El Magnífico". No sería una exageración compararlo con Merlín, el mago extraordinario de la corte del rey Arturo. Al mago Sarduy no le interesan mucho los trucos corrientes como hacer desaparecer un tigre salvaje o sacar toda una familia de conejos de un sombrero de copa. Prefiere hacer maniobras que cambien la vida de la gente que necesita su ayuda. Desgraciadamente, no puede establecer la paz mundial ni acabar con el hambre, pero sí puede intervenir en la vida cotidiana. Por ejemplo, puede hacer funcionar a la burocracia cuando un trámite lleva mucho tiempo y puede encontrarle un(a) novio(a) a una persona solitaria.

El mago está en esta región de nuevo. Todavía no se ha puesto al día con respecto a los problemas y dificultades que tiene la gente. Les pide a Uds., grandes conocedores de los secretos personales, que le hagan una lista de problemas que merezcan su atención.

Divídanse en grupos de cuatro a seis consejeros. Cada grupo debe elegir un(a) secretario(a). Hagan listas de como diez problemas que existen en su comunidad que "El Magnífico" pueda resolver con sus poderes mágicos. Pueden incluir sus propios deseos y los de sus amigos y parientes. También, pueden incluir dificultades de la vida universitaria o escolar. Antes de dárle la lista al mago Leonardo Sarduy, Uds. tendrán la oportunidad de presentársela a los compañeros de clase.

B. ¿Quién sabe?

Anoche a una hora todavía no determinada, hubo un homicidio sangriento en la mansión de la familia Villarruel. José Emilio Villarruel, el hermano soltero de Carlos Pablo Villarruel, el dueño de la casa, fue encontrado en el estudio, muerto de un balazo en la frente. Hasta el momento, la policía no tiene la menor idea de quién lo pudo haber asesinado. No creen que haya sido un familiar puesto que los otros miembros de la familia están de vacaciones en Europa. A estas alturas de la investigación, querrían saber el motivo del crimen y qué tipo de persona pudiera haberlo cometido. Que se sepa, José Emilio no tenía enemigos ni historia de actividad criminal.

Cuando los policías llegaron a la escena del crimen, encontraron una serie de papeles, prendas de ropa (*articles of clothing*) y otras cosas. Están seguros de que muchos, si no todos éstos, tienen que ver con el crimen, pero no han logrado interpretarlos.

En el escritorio estaban:

- ◆ el volumen Ec-Fr de la *Enciclopedia Panamericana*.
- ◆ un mapa de Cuernavaca, México.
- ◆ una rana (*frog*) de jade.
- ◆ un sobre con un timbre de correos de Zurich, Suiza sin la carta.

En la sala encontraron:

- ◆ una bufanda (*scarf*) de seda con una mancha de sangre.
- ◆ un vaso con unas marcas rojas de lápiz de labios en el borde (*rim*).
- ◆ el arco de un violín.

En los bolsillos del muerto había:

- ◆ un billete para la ópera de la noche del 12 de diciembre pasado que no fue usado.

◆ una llave rota.

◆ un cortaplumas con decoraciones de ébano.

La policía les pide a Uds., detectives expertos, que ayuden a resolver este caso.

Divídanse en grupos de cuatro a seis detectives. Cada grupo debe elegir un(a) secretario(a). Estudien los indicios y lleguen a una teoría del motivo del crimen y de la personalidad del(de la) asesino(a). Recuerden que no todos los indicios son útiles a la investigación. Pueden estar allí para despistarles *(mislead them)*. Luego, tendrán la oportunidad de presentárles sus conclusiones a los compañeros de clase. Recuerden que el tiempo apremia. El(la) criminal anda suelto(a) por la comunidad y puede volver a matar.

C. Las cartas sobre la mesa

Por más de un año, Uds. han sido estudiantes de La Academia de Madame Sofía. Bajo la dirección personal de Madame Sofía "La Sabia", Uds. han aprendido mucho sobre la quiromancia, la astrología, la parapsicología y otras artes esotéricas. Pero lo que más les ha interesado es el echar las cartas. Noche y día Uds. han practicado el sistema de Madame Sofía (que está vagamente relacionado con el Tarot egipcio). Ahora Uds. creen que están listos para interpretar las cartas; están seguros de que pueden entender el pasado, el presente y el futuro de cualquier persona.

Madame Sofía está contenta con su progreso, pero nunca permite que sus estudiantes usen sus técnicas con el público antes de que dominen perfectamente el arte. Por lo tanto, Madame Sofía les va a dar un examen.

Aquí tienen los problemas:

Divídanse en grupos de cuatro a seis personas. Se debe elegir un(a) secretario(a). Uds. deben explicar las figuras que aparecen en las cartas y las relaciones que hay entre ellas. Con esta información, pueden comentar sobre el pasado, el presente y, más importante, el futuro de cada persona representada por cada uno de los problemas. Luego tendrán la oportunidad de presentarles sus interpretaciones a los compañeros de clase.

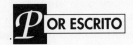

En clase

. . . **A.** Actúe como su propio(a) adivino(a). Mire su bola de cristal. Describa lo que le pasará a Ud. durante los próximos tres años y los próximos veinte años. Hable de su trabajo, sus amores, su salud y sus otras actividades.

. . . **B.** Anote todo lo que Ud. asocia con uno(a) o más de éstos siguientes:

1. Sherlock Holmes
2. la bola de cristal
3. los signos del horóscopo
4. la magia negra
5. las pirámides egipcias
6. Sasquatch "Big Foot"
7. el triángulo de las Bermudas
8. las brujas de Salem
9. el psicoanálisis

Fuera de clase

. . . **A.** Anoche hubo un robo en la biblioteca entre las ocho y las once. Lo(la) han acusado a Ud. Componga una coartada. Explique dónde estaba durante esas horas, con quiénes y cómo puede probarlo.

＊

... **B.** Describa un misterio que se le presentó en su propia vida y cómo se solucionó. No tiene que haber sido de gran importancia sino algo que lo(la) confundió o sorprendió.

... **C.** Invente un hechizo que quiera echarle a alguien (amigo(a), enemigo(a), amante). Invoque las fuerzas apropiadas; use las pociones y amuletos que sean necesarios.

... **D.** Describa un fenómeno natural poco común que Ud. haya visto. Dé los detalles de la situación. ¿Qué le resultó raro? ¿Había una explicación? ¿La aceptó Ud.?

... **E.** Un cuento policial del escritor argentino Ricardo Feierstein (1943-) comienza de esta manera:

> "Las andanzas *(wanderings)* del curioso criminal que diera en llamarse a sí mismo 'El Poeta Urbano' mantuvieron aterrorizados, a medida que sus imprevisibles actos se dibujaron con claridad como la obra de una mente analítica e inescrupulosa, a buena parte de los habitantes de la populosa capital sudamericana."

Usando solamente esta frase como base, termine el cuento a su manera. Ud. debe describir en detalle al criminal — "El Poeta Urbano" — y su mente analítica e inescrupulosa. Debe presentar los imprevisibles actos (crímenes) que mantuvieron aterrorizadas a buena parte de los habitantes de la populosa capital sudamericana. También Ud. debe inventar a un(a) detective que atrape al criminal.

＊

*

*A*note las aventuras interesantes y las experiencias importantes que Ud. ha tenido recientemente. Describa en detalle lo que le pasó, cómo se sintió y de qué se enteró. Ponga en relieve lo misterioso o sobre-natural. Si algo extraño o inexplicable le ocurrió, no deje de describirlo. Si ha leído algo sobre un crimen que tiene confundida a la policía o sobre alguien que insiste que ha visto un platillo volante *(flying saucer)*, OVNI *(UFO)* u otra cosa por el estilo, inclúyalo en lo que escribe.

Si Ud. ha leído algo sobre lo extraño en la prensa hispana, anótelo. Si ha leído un cuento fantástico, dé sus reacciones. Si Ud. ha hablado con un(a) hispano(a) sobre la importancia de la magia y la superstición, resuma lo que le dijo.

Después de escribir en su diario, elija las secciones que querría mostrarle a un(a) compañero(a) de clase. En parejas, léanlas y compárenlas.

A menudo Anselmo y Cristina se sienten confundidos por la vida en los Estados Unidos. Hay aspectos de la cultura norteamericana que les parecen absolutamente misteriosos. Lo más raro son las reglas que gobiernan los encuentros sociales. La gente se comporta de maneras que Anselmo y Cristina no comprenden; muchas veces ellos no tienen la menor idea de cómo deben reaccionar. Temen parecer mal educados o groseros. ¡Es tan misterioso!

Les agradecerían si Uds. les pudieran explicar algunas costumbres norteamericanas. (Si hay variaciones regionales que conozcan Uds., menciónenlas también). En particular, Anselmo y Cristina quisieran saber:

- ◆ si una invitación a una cena dice "a las ocho", ¿cuándo deben llegar? Si la invitación es para una fiesta, ¿cambia la regla?
- ◆ si van a una cena o una fiesta, ¿qué regalo deben llevar?
- ◆ ¿qué tipos de regalos son adecuados para un cumpleaños? ¿Una boda? ¿Un recién nacido?
- ◆ ¿cómo deben vestirse para ir a una cena? ¿Una fiesta estudiantil? ¿Una boda? ¿Una entrevista?
- ◆ cuándo se usan títulos como señor y doctora y cuándo se usa el nombre de pila (first name). ¿Hay modos especiales de hablar con la gente mayor o con los niños?
- ◆ ¿cuáles son algunos de los gestos comunes y qué quieren decir?
- ◆ ¿cuáles son algunas supersticiones comunes aquí?
- ◆ ¿cuánta propina se le da a un mozo o camarera, un(a) taxista, o un(a) botones?

Con un(a) compañero(a) o un grupito, compongan una lista para Anselmo y Cristina. Si quieren agregar sus propios consejos y explicaciones, tanto mejor.

PREGUNTAS

1. ¿Cómo se llaman los detectives ficticios más famosos? ¿Qué características tienen ellos? Describa una trama típica de un cuento policial.

2. ¿Por qué se leen tanto los horóscopos? ¿En qué se basan? ¿Es la astrología una ciencia o una tontería?

3. ¿Por qué tienen éxito los magos? ¿Por qué nos fascinan?

4. Por muchos siglos, la telepatía y la percepción extrasensorial han fascinado a la gente educada tanto como a la gente de poca educación. ¿Qué pruebas hay de la existencia de estos fenómenos?

5. Muchas personas creen en la reencarnación. ¿Qué evidencia hay que verifique sus creencias?

6. ¿Son determinadas las coincidencias por la casualidad o por otra fuerza?

7. ¿Está Ud. de acuerdo con estos puntos de vista? Defienda sus opiniones.

    a. Hay cosas en este mundo que no se deben entender.

    b. Hay fuerzas poderosas en el universo que controlan nuestra vida.

    c. Las personas que tienen ciertos poderes psíquicos pueden prever el futuro.

    d. Con la lógica y los métodos científicos, vamos a llegar a conocer y entender los secretos del universo.

SAN RAFAEL, MENDOZA. 4 Y 20 DE LA MAÑANA DEL VIERNES 10 DE ENERO.
UNA LUZ CRUZA EL CIELO. DESPUES, UNA TREMENDA EXPLOSION

EL CASO DEL OBJETO QUE CAYO EN SAN RAFAEL

Por EMILIO GIMENEZ ZAPIOLA y EDUARDO DUER.
Fotos: JUAN JOSE PEREZ (Enviados especiales a Mendoza)

Mario Osvaldo García, encargado de vigilancia en una fábrica de San Rafael: "Eran poco más de las 4 y 20 de la mañana. Vi un reflejo de luz my intenso. Después, un objeto que cruzó el cielo…"

Harold Meriles: "A través de la ventana vi cómo la arboleda se volvía blanca. Me asusté mucho, no entendía lo que pasaba. Unos minutos después parecía que todo reventaba: fue un temblor impresionante."

José María Araya, guardiacárcel: "Me llamó la atención una luz muy intensa. Salí de la sala de guardia y vi todo de color celeste. Hasta las hojas de los árboles. Parecía de día…"

Luis Alberto Gazai, viajante: "Vi una luz brillante, a través del parabrisas. Me encadiló y tuve que parar. Bajé del coche y vi entonces una bola rojiza que cruzaba el cielo vertiginosamente."

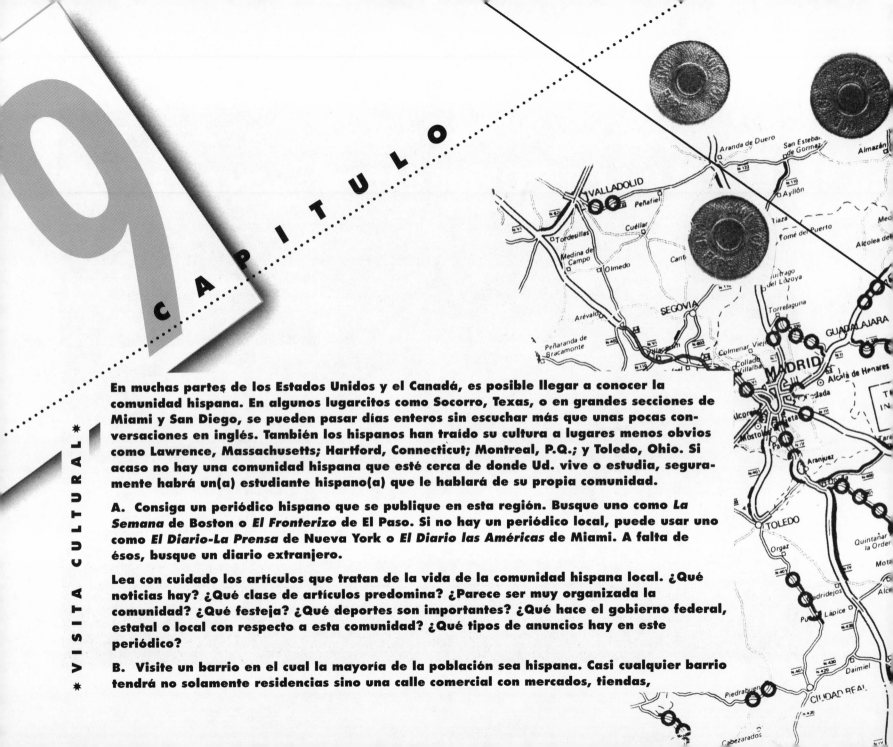

VISITA CULTURAL

En muchas partes de los Estados Unidos y el Canadá, es posible llegar a conocer la comunidad hispana. En algunos lugarcitos como Socorro, Texas, o en grandes secciones de Miami y San Diego, se pueden pasar días enteros sin escuchar más que unas pocas conversaciones en inglés. También los hispanos han traído su cultura a lugares menos obvios como Lawrence, Massachusetts; Hartford, Connecticut; Montreal, P.Q.; y Toledo, Ohio. Si acaso no hay una comunidad hispana que esté cerca de donde Ud. vive o estudia, seguramente habrá un(a) estudiante hispano(a) que le hablará de su propia comunidad.

A. Consiga un periódico hispano que se publique en esta región. Busque uno como *La Semana* de Boston o *El Fronterizo* de El Paso. Si no hay un periódico local, puede usar uno como *El Diario-La Prensa* de Nueva York o *El Diario las Américas* de Miami. A falta de ésos, busque un diario extranjero.

Lea con cuidado los artículos que tratan de la vida de la comunidad hispana local. ¿Qué noticias hay? ¿Qué clase de artículos predomina? ¿Parece ser muy organizada la comunidad? ¿Qué festeja? ¿Qué deportes son importantes? ¿Qué hace el gobierno federal, estatal o local con respecto a esta comunidad? ¿Qué tipos de anuncios hay en este periódico?

B. Visite un barrio en el cual la mayoría de la población sea hispana. Casi cualquier barrio tendrá no solamente residencias sino una calle comercial con mercados, tiendas,

LA COMUNIDAD

restaurantes, clubes y quizá una agencia social. Si hay más, tanto mejor, pero aun unas pocas cuadras serán suficientes. Si Ud. no conoce un barrio así, pregúntele a un(a) hispano(a) que vive aquí cerca adónde ir. O puede llamar a la municipalidad o usar la guía telefónica como fuente de información.

Vaya al barrio hispano solo(a) o con un(a) compañero(a). Pase dos horas allí como mínimo. Al llegar, camine por la zona y, sin ser demasiado obvio(a), observe todo. ¿Qué negocios hay? Mire las tiendas. ¿Qué hay en las vidrieras? ¿Quiénes están en las calles? (Fíjese en la hora.) ¿Qué tal los restaurantes? Entre en un mercado y en otra tienda. Fíjese en los productos, los alimentos, los periódicos y, sobre todo, el ambiente. Compre algo, quizá un diario. Salude en castellano a algunas personas o trate de entablar alguna conversación corta. Busque dos o tres cosas baratas o gratis que le servirán como recuerdo de su visita. Haga algunas observaciones finales y luego regrese a casa. Allí tome apuntes de sus impresiones.

C. Hable con un(a) hispano(a) de la comunidad donde se crió (si era predominantemente hispana). ¿Dónde está? ¿Cómo estaba organizada? ¿Qué fiestas se celebraban? ¿Qué problemas habían?

VOCABULARIO

He aquí palabras que le serán útiles cuando Ud. hable o escriba acerca de la comunidad.

la vivienda (*housing*), la suciedad, las afueras (*suburbs*), el beneficio, el decreto (*decree*), la basura (*garbage*), el liderazgo (*leadership*), los impuestos o las contribuciones (*taxes*), el acontecimiento (*event*), la alternativa, el desfile (*parade*), el presupuesto (*budget*), la queja (*complaint*), la meta (*goal*)

abandonar, demorar (*to delay*), fomentar (*to promote*), disminuir, hacerse cargo de (*to take charge of*), facilitar, adelantarse (*to get ahead*), acercarse a (*to approach*), llevar a cabo (*to carry out*), otorgar (*to grant, give*)

administrativo, unánime, afiliado, disponible (*available*), ambiental (*environmental*), aislado (*isolated*)

OPINIONES Y EXPERIENCIAS

1. ¿Cómo interpretaría Ud. el dibujo? ¿En qué le hace pensar?
2. ¿De qué tipo de lugar es Ud.? ¿Campo? ¿Pueblo? ¿Ciudad?
3. ¿Le es muy leal a su pueblo o ciudad natal? ¿Conoce Ud. a mucha gente allí?
4. ¿A qué organizaciones pertenece Ud.? ¿Es miembro(a) activo(a) de asociaciones políticas, religiosas, deportivas, escolares o sociales? ¿Es Ud. un(a) líder de estos grupos?
5. ¿Ha sido Ud. voluntario(a) en alguna organización de la comunidad? ¿Qué grupo era y qué hacía Ud.? ¿Por qué lo hacía?

SITUACIONES ANIMADAS

interrumpir; volver al tema

Cuando alguien da un informe, relata una historia, o explica un proceso, normalmente trata de presentar toda la información que tiene en un orden determinado sin perder el hilo. Los oyentes tienen que estar seguros de que entienden todo y saben cuáles son las ideas principales. A veces es necesario que ellos interrumpan al (a la) que habla, quien, a su vez, aclara lo que acaba de decir y vuelve cuanto antes a su tema. He aquí algunas expresiones que le ayudarán a **interrumpir** y a **volver al tema** cuando alguien lo(la) interrumpa.

Para interrumpir

Bueno, ¿quiere Ud. decir que…
Perdón, ¿está diciendo Ud. que…
¿Me permite una pregunta?
Un momentito, por favor, no entiendo la última parte.
¿Me lo podría explicar en otros términos?
Escúcheme, por favor, yo…
No sé si entendí (comprendí) bien.
Poco a poco. ¿Qué es…
Déjeme decir que…
Espere,…

Para volver al tema

Como decía yo…
Eso me hace recordar lo que decía…
Entonces…
No se olvide que…
Hablando de…
Volviendo al tema…
Sí, como Ud. está diciendo…
Es verdad que…
Es cierto que…

Véanse también las expresiones para **relatar** en la página 100 y las expresiones para **entrevistar** en la página 70.

En parejas, van a practicar a **interrumpir** y a **volver al tema** después de una interrupción. Primero, el(la) Estudiante A debe hablar de las actividades en las que participan los estudiantes. Segundo, el(la) Estudiante B lo(la) debe interrumpir y pedirle más información o una aclaración. Tercero, el(la) Estudiante A tiene que dar la aclaración y luego volver al tema.

EJEMPLO

El(la) Estudiante A: Los clubes aquí son muy grandes.

El(la) Estudiante B: **Perdón, ¿Está diciendo Ud. que** tienen más de cien socios?

El(la) Estudiante A: No, pero algunos tienen hasta cincuenta. **Cómo decía yo**, los clubes son muy populares.

Luego, los próximos dos estudiantes toman su turno haciendo el papel de A o B mientras el resto de la clase escucha. Así siguen hasta que todos hayan participado. Cuando hablen deben usar las expresiones de la página 132.

Ahora van a practicar a interrumpir y a volver al tema en una situación más compleja.

Norma Vara, alcalde de Plenitud, está dando su discurso anual titulado "El progreso en nuestro pueblo". Norma Vara está muy orgullosa del progreso que se ha logrado. Ella habla de la edificación de casas nuevas, la creación de nuevos empleos, el excelente sistema escolar, los centros para ancianos y los parques y campos de deportes que han inaugurado este año. En su discurso, Norma Vara quiere mencionar todo.

Jaime Gatas es un reportero de *El Satisfecho*, el semanario de Plenitud. Tiene la tarea de redactar un artículo acerca del discurso de la alcalde. Quiere estar seguro de los datos y por lo tanto interrumpe frecuentemente a Norma Vara. Jaime Gatas no es descortés ni hostil, simplemente quiere asegurarse de que ha entendido bien lo que ella ha dicho.

Con un(a) compañero(a), represente la escena. Norma Vara está tratando de completar su discurso y Jaime Gatas la interrumpe para una aclaración. Ella, sin enfadarse, le contesta y vuelve a su tema. En la conversación, deben usar las expresiones de la página 132.

PRESENTACIONES

A. Describa a algunos de sus amigos. ¿Qué tienen en común? ¿Hace cuánto que los conoce? ¿Qué hace con ellos? ¿En qué se basan estas amistades? ¿Hasta qué punto es importante para una amistad tener los mismos intereses, ser del mismo país (o ciudad), haber crecido juntos, ser del mismo sexo y de la misma clase social?

. . . **B.** Proponga una nueva organización cívica. Explique sus metas y sus actividades. ¿Cómo se reunirá el dinero necesario para apoyar sus programas?

. . . **C.** Proponga una nueva ley para esta localidad. Explique por qué cree Ud. que esta ley es necesaria. O, al contrario, proponga que se revoque una ley que ya existe. Explique por qué es injusta o inútil.

. . . **D.** Es su responsabilidad estimular las inversiones *(investments)* en su comunidad. Describa su comunidad (u otra que Ud. conoce bien) de manera que atraiga a muchos inversionistas.

. . . **E.** Ud. aspira a trabajar de voluntario(a) para el Taller Puertorriqueño. Su anuncio aparece en la página 135. Explique:

◆ ¿cuáles son los aspectos de este centro social que más le impresionan?
◆ ¿en qué división del centro preferiría trabajar?
◆ ¿qué podría hacer Ud. para el Taller Puertorriqueño?

E SCUCHAR

*E*n el medio de una excursión larga y llena de actividades, Uds. tienen un día libre para pasar en la ciudad de Tabaré. Es su primera visita a Tabaré y quieren aprovechar al máximo el poco tiempo libre que tienen. Alguien les ha mencionado que todos los días la municipalidad produce una cinta en la cual se anuncian las actividades que tienen lugar ese día y esa noche. Escuchen bien la cinta; Uds. solamente tienen tiempo disponible para solamente una actividad de día y una de noche.

Escuchen la cinta y tomen apuntes.

Taller Puertorriqueño

2725 N. 5th Street
Phila., PA 19133

"El Corazón Cultural del Barrio"

PROGRAMAS Y SERVICIOS

Programa de Exhibiciones
La Galería del Taller Puertorriqueño con sus Salas Francisco Oller y José Campeche está constituida por dos espacios contiguos de más de 800 pies cuadrados. Por lo menos se presentan 8 exhibiciones tanto de estudiantes y artistas emergentes como de profesionales anualmente. Las recepciones y charlas con los artistas son gratis y están abiertas al público en general.

Instrucción y Entrenamiento
Proveemos clases en una variedad de técnicas y disciplinas en las Bellas Artes y las artesanías. Los recitales de poesía, las presentaciones artísticas, los cuentos, las películas, conferencias, y giras escolares se ofrecen para el entrenamiento de destrezas, a la vez mayor oportunidad para colaborar con otras organizaciones.

Festivales / Ferias
Los proyectos de la Galería y la librería se incorporan a Ferias de Libros y artesanías y a festivales. La historia, las ciencias sociales, la literatura, la música, también como las artes y la artesanía, sirven de temas para eventos periodicamente. Entre estas actividades anuales se encuentran la Feria del Barrio y la Feria del Libro y Artesanías.

HISTORIA

El Taller Puertorriqueño fué establecido en 1974 como una organización con base en la comunidad, para que promoviera su arte y su cultura. El Taller ha trabajado para mejorar las condiciones sociales y educacionales y colabora con otras agencias para fortalecer el potencial de desarrollo económico en la Comunidad Hispana. Hoy, el Taller auspicia clases, dirigidas por profesionales, para niños y adultos, exhibiciones de arte, de artistas reconocidos y de artistas que comienzan, recitales de poesía, proyectos de película, historia oral y fotografía y festivales. La tradición de proyectos de desarrollo económico continúa con la operación de la librería bilingüe y el programa de empleo de verano.

CENTRO DE INFORMACION Y RECURSOS

El Taller Puertorriqueño se visualiza también como un centro de recursos para las artes y la cultura. Ya cuenta con una colección de materiales de referencias que están disponibles y accesibles a la comunidad, como también a estudiantes y eruditos. Además se colabora y se organizan y ofrecen conferencias y charlas sobre historia y tópicos culturales.

EVENTOS ESPECIALES

Como una de las pocas organizaciones culturales latinas en el Valle del Delaware, el Taller tiene la obligación de abogar por el artista individual y compartir sus análisis y recursos con otras agencias. Este compartir o intercambio cultural resulta en eventos especiales que amplían la audiencia receptiva al arte y la cultura latinas a la vez que se proveen oportunidades únicas de servir otras necesidades de la comunidad. El Taller es un centro para la comunidad.

LIBRERIA

La librería del Taller Puertorriqueño es el acceso directo más completo en el Valle del Delaware, en cuanto a materiales en español y en inglés, sobre historia y cultura Puertorriqueña/Latina. Permanece abierta de martes a sábado, de 10 AM a 6 PM. Los materiales están a la disposición de vecinos(as), estudiantes, maestros(as), escuelas, bibliotecarios(as), y del público en general. Incluidos están los libros para niños, libros de ciencias sociales, libros de interés especial y manuales para profesores(as) y estudiantes desde escuela primaria hasta nivel universitario. Además, el Taller tiene la mejor selección de literatura en español en Pennsylvania. También se cuenta con artículos de artesanía, carteles y música.

Para discutir

En parejas, pónganse de acuerdo en lo que van a hacer durante su día y noche en Tabaré. Quizá sea necesario llegar a un compromiso. ¿Qué más querrían hacer si les sobrara más tiempo?

Para escribir

Como funcionario(a) de la ciudad de Tabaré, es su responsabilidad de preparar cada día la cinta de actividades. Componga una lista de diez actividades que tendrán lugar mañana. La lista debe incluir actividades culturales y deportivas.

A. Bienvenidos

*A*riel va a ser una comunidad completamente planificada. La fundarán en una región que es bella y templada pero poco desarrollada. El Parlamento de Betinia, un pequeño país, ha asignado fondos para el establecimiento de esta ciudad nueva, pero todavía no se ha hecho nada más porque hay mucho desacuerdo entre los diputados sobre cómo debe construirse Ariel.

Después de muchas horas de debate frustrante, el gobierno betiniano ha decidido que ya es hora de contratarlos a Uds, consultores e ingenieros civiles de renombre internacional, para que preparen los planos y diseños de la ciudad.

Divídanse en grupos de cuatro a seis estudiantes. Cada grupo debe elegir un(a) secretario(a). Los grupos de consultores e ingenieros deben decidir qué será el plan.

En el contrato lucrativo que les ofrecen, los líderes de Betinia hacen algunas estipulaciones. El plan incluirá una descripción y un plano de ciudad. Necesitan saber:

◆ ¿Cuál será la base económica del pueblo? La industria tiene que ser limpia. No aceptan ninguna forma de contaminación ambiental.

- ◆ ¿Cómo será el sistema de transporte? ¿Dónde estarán las carreteras, los ferrocarriles y el aeropuerto?
- ◆ ¿Dónde estarán las casas y apartamentos de los habitantes?
- ◆ ¿Dónde estarán la Municipalidad, las estaciones de bomberos y las comisarías?
- ◆ ¿Qué parques y centros de deportes habrá? ¿Dónde quedarán? ¿Dónde estarán el teatro, los cines y la sala de conciertos?
- ◆ ¿Dónde estarán ubicados las escuelas y los liceos *(high schools)*?
- ◆ ¿Dónde estarán las iglesias, sinagogas y otros centros religiosos?
- ◆ ¿Dónde estará el centro para ancianos?

Luego, usando el mapa de Betinia como guía, deben preparar un dibujo de la ciudad. Traten de cumplir con todos los requisitos del contrato. Más tarde le presentarán sus planes y dibujos a la clase.

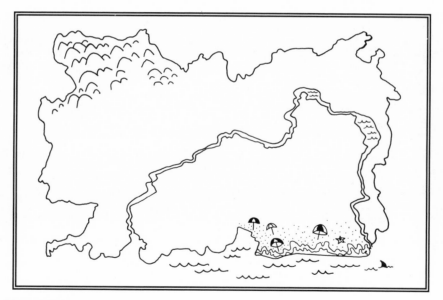

B. A mis queridos amigos

Pronto se dedicará el Centro de la comunidad "Julio y Sara Vázquez". La ceremonia tendrá un significado especial porque nos dará la oportunidad de honrar a nuestros queridos Julio y Sara que, desde hace mucho tiempo, han trabajado sin cesar por el bien de la comunidad.

Cada uno(a) de Uds. conoce personalmente a Julio y Sara Vázquez. Uds. han participado con ellos en las reuniones de las agencias de la comunidad, han luchado con ellos para mejorar las condiciones de los pobres, y han compartido con ellos las penas y las alegrías de la comunidad. Por lo tanto, los directores del centro les ruegan a Uds. que ofrezcan unas palabras dedicadas a Julio y Sara.

Tienen unos diez minutos para prepararse. Cada uno(a) de Uds. escribirá un discursito de como dos minutos. Describa las muchas buenas cualidades de Sara y Julio. En sus alabanzas, incluya por lo menos una anécdota que sirva como ilustración de cómo son ellos.

Cada uno(a) de Uds. tendrá la oportunidad de dar un discurso sincero delante de toda la clase.

C. El debate del pueblo

En el pueblo Valle Grande hay un gran debate. Cada ciudadano(a) tiene su propia opinión, pero escencialmente existen dos posiciones que parecen ser totalmente opuestas.

Un grupo dice que está a favor del progreso. Quiere atraer más industria a Valle Grande para estimular la economía. Desea construir carreteras y puentes y permitir la construcción de numerosos hoteles y restaurantes. Además, piensa construir un centro de esquí en una de las montañas cercanas.

El otro grupo está contento con la situación existente. Sabe que Valle Grande no es un pueblo tan próspero como podría ser, pero todos tienen trabajo y nadie sufre. El pueblo es suficientemente pequeño para que todos se conozcan. Además, al pueblo le gusta la belleza de la región con su aire y agua puros y sus bosques llenos de animales y aves.

Divídanse en dos grupos. Uno estará a favor del progreso; el otro no quiere cambiar nada. Todos Uds. disponen de unos minutos para preparar la discusión. Hagan una lista de argumentos de su propia invención que van a proponer a favor del "progreso" o de la "conservación". Piensen también en las razones que pueda ofrecer la oposición.

El debate va a proceder de esta manera:

. . . **1.** Dos miembros(as) de uno de los grupos presentan sus ideas; cada persona puede dar hasta tres razones.

✴

. . . **2.** Dos miembros(as) del otro grupo presentan sus ideas; cada persona puede dar hasta tres razones.

. . . **3.** Otros(as) dos miembros(as) del primer grupo contradicen y critican lo que dijo la oposición; cada persona puede dar hasta tres razones.

. . . **4.** Dos miembros(as) del segundo grupo contradicen y critican lo que dijo la oposición; cada persona puede dar hasta tres razones.

Luego, se repite el mismo orden hasta que se hayan dado todas las razones y todas las personas hayan participado por lo menos una vez.

Al final se puede hacer un resumen de todas las razones en favor y en contra del cambio.

En clase

. . . **A.** Describa el barrio del pueblo o de la ciudad en que Ud. está viviendo ahora. Mencione especialmente el nivel socio-económico de la comunidad. Hable de los grupos étnicos y religiosos, los jóvenes y los ancianos.

. . . **B.** Describa una reunión de un comité, un club o un equipo a la cual Ud. asistió recientemente. ¿Cómo estaba organizada? ¿Qué pasó durante la reunión? ¿Qué dijo Ud.?

Fuera de clase

A. Jacobo Sánchez, el alcalde de Las Torres, quiere fomentar el turismo y atraer más industria a su pueblo. Le pide a Ud., que trabaja en una agencia de publicidad, que escriba:

. . .

◆ un folleto sobre Las Torres para atraer la industria a la región. Describa las ventajas del pueblo.
◆ un folleto sobre Las Torres para atraer turistas. Describa las atracciones del pueblo y sus alrededores.

Si Ud. no conoce Las Torres, no importa; es un pueblo como muchos.

. . . **B.** Describa los problemas sociales de la localidad donde Ud. vive ahora o de aquélla en la que Ud. se

✴

crió. ¿Cuáles son los problemas más severos? ¿Cuáles son las soluciones posibles? ¿Qué ha hecho el gobierno? ¿Qué ha hecho el sector privado?

. . . **C.** Describa una experiencia que tuvo en una reunión o actividad de una organización de la cual Ud. es socio(a) que haya tenido un fuerte impacto sobre Ud.

*A*note las aventuras interesantes y las experiencias importantes que Ud. ha tenido recientemente. Describa en detalle lo que le pasó, cómo se sintió y de qué se enteró. Hable sobre todo de las varias comunidades a las cuales pertenece Ud.: la escolar, la de la comunidad, la religiosa y la social. Si asistió a una reunión de cualquier tipo, menciónela.

Si Ud. ha leído acerca de la comunidad hispana en la prensa, resuma las noticias. Si Ud. ha visitado un barrio hispano, describa lo que observó y compró. Si ha hablado con un(a) hispano(a) de la comunidad donde se crió, comente lo que le dijo.

Después de escribir en su diario, elija a las secciones que más querría mostrarle a un(a) compañero(a) de clase. En parejas, léanlas y compárenlas.

Durante su estadía en esta comunidad, Anselmo y Cristina quieren conocer a muchos ciudadanos de ascendencia variada y de muchos estilos de vida: estudiantes, profesionales, obreros, jóvenes y viejos. Les gustaría hablar con personas de todos los grupos raciales y étnicos representados aquí y en particular con los hispanos (si los hay).

También esperan llegar a entender cómo funciona la comunidad. Buscan información sobre los sistemas de gobierno y de educación. Además, y cosa que les interesa sobre todo, quieren enterarse de las costumbres de este lugar.

Les agradecerían mucho si Uds. pudieran sugerirles:

- ◆ modos de llegar a conocer a los residentes de este lugar.
- ◆ cómo pueden conocer a otros hispanos.
- ◆ en qué organizaciones pueden participar y de qué clubes pueden hacerse socios. (Son aficionados al baile folklórico y a la pintura).
- ◆ cómo pueden enterarse de cómo funciona el gobierno y el sistema escolar.
- ◆ cómo pueden enterarse de las costumbres que se asocian con esta región. ¿Qué tradiciones hay? ¿Hay días feriados regionales?

Con un(a) compañero(a) o en grupito, preparen sugerencias para Cristina y Anselmo.

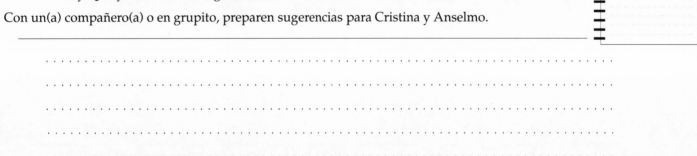

PREGUNTAS

1. Nombre las varias comunidades a las cuales puede pertenecer una persona. Empiece con la familia.
2. Si se vive en una ciudad grande, ¿cómo se puede tener un sentido de comunidad?
3. ¿Qué papel tienen los estudiantes universitarios en la comunidad que rodea al *campus* o en las residencias estudiantiles? ¿Cuáles son sus responsabilidades y obligaciones?
4. En cada localidad, aun las muy chicas, existen monumentos, museos pequeños y placas que ilustran su historia. En algunas, hay quienes se dedican a estudiar la historia de la localidad. ¿Por qué hay tanto interés en la historia local? ¿Para qué sirve? ¿Qué sabe de la historia del lugar en el cual está ahora?
5. ¿Qué forma de gobierno tiene esta ciudad (o este pueblo)? ¿Cómo funciona? ¿Es posible que un individuo o un grupo pequeño tenga influencia sobre el gobierno?
6. ¿Por qué se lee la prensa local o regional? ¿Qué tipo de noticias predominan? En su localidad, ¿qué ha pasado recientemente?
7. ¿Está Ud. de acuerdo con estos puntos de vista? Defienda sus opiniones.
   a. Es muy importante ser leal a su pueblo o ciudad.
   b. En un club o asociación, es preferible tener un(a) sólo(a) líder que tome todas las decisiones importantes.
   c. En un club o asociación, la cooperación de los(las) socios(as) funciona mejor que la competencia entre ellos.
   d. Cada persona debe pasar una parte de cada semana trabajando como voluntario(a) en la comunidad en la cual vive.

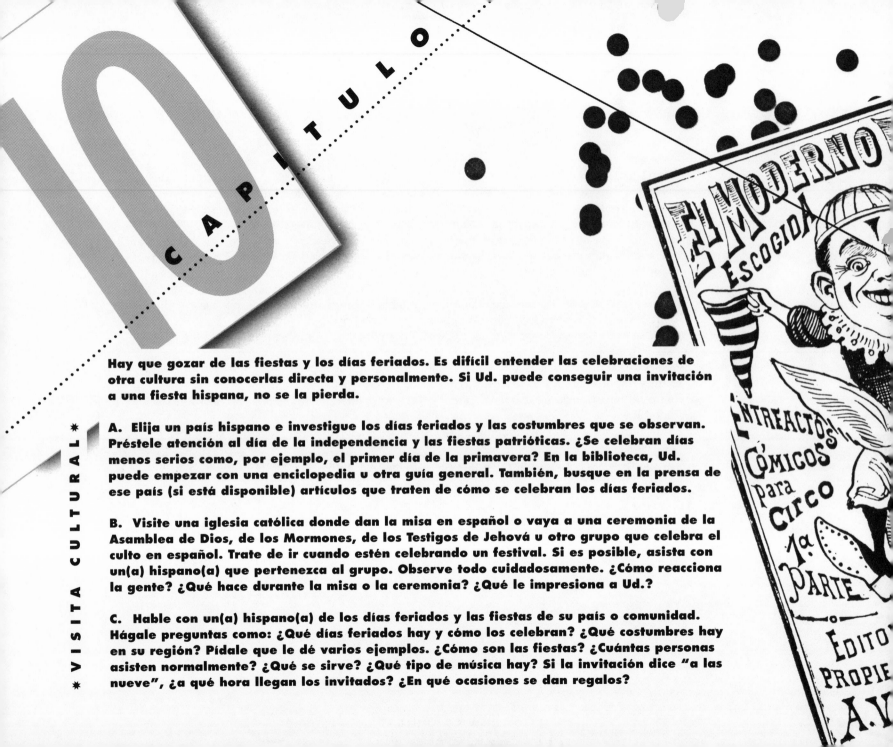

CAPITULO 10

VISITA CULTURAL

Hay que gozar de las fiestas y los días feriados. Es difícil entender las celebraciones de otra cultura sin conocerlas directa y personalmente. Si Ud. puede conseguir una invitación a una fiesta hispana, no se la pierda.

A. Elija un país hispano e investigue los días feriados y las costumbres que se observan. Préstele atención al día de la independencia y las fiestas patrióticas. ¿Se celebran días menos serios como, por ejemplo, el primer día de la primavera? En la biblioteca, Ud. puede empezar con una enciclopedia u otra guía general. También, busque en la prensa de ese país (si está disponible) artículos que traten de cómo se celebran los días feriados.

B. Visite una iglesia católica donde dan la misa en español o vaya a una ceremonia de la Asamblea de Dios, de los Mormones, de los Testigos de Jehová u otro grupo que celebra el culto en español. Trate de ir cuando estén celebrando un festival. Si es posible, asista con un(a) hispano(a) que pertenezca al grupo. Observe todo cuidadosamente. ¿Cómo reacciona la gente? ¿Qué hace durante la misa o la ceremonia? ¿Qué le impresiona a Ud.?

C. Hable con un(a) hispano(a) de los días feriados y las fiestas de su país o comunidad. Hágale preguntas como: ¿Qué días feriados hay y cómo los celebran? ¿Qué costumbres hay en su región? Pídale que le dé varios ejemplos. ¿Cómo son las fiestas? ¿Cuántas personas asisten normalmente? ¿Qué se sirve? ¿Qué tipo de música hay? Si la invitación dice "a las nueve", ¿a qué hora llegan los invitados? ¿En qué ocasiones se dan regalos?

✳

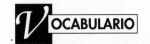

He aquí palabras que le serán útiles cuando Ud. hable o escriba acerca de las festividades.

el(la) anfitrión(a) *(host/hostess)*, las bebidas *(beverages)*, el cubo con hielo *(ice bucket)*, el(la) huésped *(guest, lodger)*, el(la) invitado(a), el(la) camarero(a) *(waiter/waitress)*, los refrescos, las·tapas *(appetizers)*, la orquesta, el cumplido *(complement)*, el brindis *(toast)*

el nacimiento *(birth)*, el bautismo, la quinceañera *(a girl on her 15th birthday)*, el compromiso, la boda *(wedding)*, el aniversario, la jubilación *(retirement)*, el chisme *(gossip)*

amenizar *(to enliven)*, gozar de *(to enjoy)*, emborracharse *(to get drunk)*

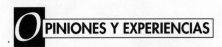

1. ¿Cómo interpretaría Ud. el dibujo? ¿En qué le hace pensar?
2. En su familia, ¿cuáles son los días festivos más importantes? ¿Qué tradiciones hay en su familia?
3. ¿Cuáles son las fechas que festejan los estudiantes por aquí? ¿Cómo son las ceremonias y las fiestas? ¿Cuándo y dónde tienen lugar? ¿Cuál le gusta más?
4. ¿Prefiere Ud. las fiestas pequeñas e íntimas o las grandes y concurridas? ¿Cuáles son las ventajas de los dos tipos de fiestas?
5. ¿Cuál es la fiesta o ceremonia que más le importa a Ud.? ¿Por qué? Si Ud. pudiera celebrar su cumpleaños de cualquier manera sin pensar en el costo, ¿cómo lo haría?

✳

＊

SITUACIONES ANIMADAS

· · · · · · · · · · · ·

saludar; dar cumplidos; aceptar cumplidos; felicitar; invitar; aceptar; despedirse

*E*n las fiestas dominan los cumplidos. Hay modos fijos de llevar a cabo interacciones que frecuentemente dan más importancia a la forma que al sentido. Es necesario saber como **saludar**, **dar cumplidos**, **aceptar cumplidos**, **felicitar**, **invitar**, **aceptar** y **despedirse**.

Para saludar

Encantado(a).
Igualmente.
Mucho gusto.
El gusto es mío.
Tanto tiempo sin verlo(la),…
Hola, ¿cómo está(s)?
Hola, ¿qué tal?

Para dar cumplidos

¡Qué lindo(a)!
¡Qué bello(a)!
¡Qué bien!
¡Qué lindo(a) le queda!
¡Ese color le sienta bien!
¡Qué maravilla!
¡Qué ___ más lindo(a)!

Para aceptar cumplidos

Gracias, es Ud. muy amable.
¿Este? ¡No es más que un trapo viejo!
Gracias. Está a sus ordenes.

Para felicitar

¡Felicidades! (por cumpleaños, aniversarios)
¡Lo felicito!
¡Felicitaciones! (por una cosa, hijo, casamiento)
¡Enhorabuena!

Para invitar

¿Por qué no vamos a…?
¿No quiere…?
¿Vendría a…?
¿Qué tal si…?
¿Por qué no pasa por la casa?
Lo espero… (formal)
Lo cito… (formal)

＊

*

Para aceptar

Afirmativamente	Muy dudoso	Dudoso
Bueno.	No sé.	A lo mejor.
De acuerdo.	No creo.	Confirmaremos.
Está bien.	Lo dudo.	Es posible.
OK.	Es difícil que…(+) subjuntivo	Es probable.
¡Cómo no!		

Para despedirse

Ya es tarde.
¡Chau!
Hablamos (mañana, el lunes).
La seguimos (mañana, el lunes).
Nos vemos.
¡Adiós, hasta luego!

Con la clase entera (o en grupos de ocho estudiantes o más), van a practicar los cumplidos de la vida social. Sigan este orden: la primera persona y la segunda se saludan. La tercera le da un cumplido a la cuarta quien acepta el cumplido. La quinta felicita a la sexta quien le agradece e invita a la séptima. La séptima acepta. La octava se despide. La novena, si hay una novena, empieza de nuevo la serie.

EJEMPLO

1. Encantado(a).
2. Igualmente.
3. ¡Qué vestido más lindo!
4. ¿Este? ¡No es más que un trapo viejo!
5. ¡Felicitaciones por su casa nueva!
6. Gracias, ¿por qué no vamos al campo este fin de semana?
7. De acuerdo. ¡Qué buena idea!
8. Ya es tarde. Hablamos el jueves.

Ahora van a practicar estas expresiones en una situación compleja.

*

En una fiesta patrocinada por "Los Amigos de la Cruz Roja", Tina Cisneros se encuentra con Julia Carvajal. Las dos son esposas de importantes magnates de la industria y se han conocido por su trabajo para varias instituciones benéficas. No hay ninguna hostilidad entre ellas pero tampoco son amigas.

Con un(a) compañero(a) o en grupito, represente la conversación que tienen Tina Cisneros y Julia Carvajal. Emplee los cumplidos de la vida social. Claro que puede usar más expresiones que las de la página 149. Estas sirven de esqueleto de la conversación, no más.

Ahora converse libremente con el(la) mismo(a) compañero(a). Pase por las etapas en orden. Use las expresiones aprendidas. Cuando termine, hable con otras personas.

PRESENTACIONES

. . . **A.** Explique una costumbre festiva que tiene su familia o un grupo al cual pertenece Ud. Explíquesela a sus compañeros de clase.

. . . **B.** Van a decretar un día feriado nuevo, el día de la Naturaleza. Invente algo que podría llegar a ser una tradición que se asocie con este día feriado.

. . . **C.** Enséñeles a sus compañeros de clase un juego o una canción que ayudará a animar una fiesta.

. . . **D.** Diseñe una invitación a una fiesta que Ud. organizará. Esta fiesta tendrá un tema — los romanos, Hawai o los años 20, por ejemplo. Claro que la invitación debe incluir los datos clave como la fecha, la hora y la dirección. Pero también debe mostrar claramente el tema de la fiesta. Puede usar dibujos, fotos o lo que Ud. quiera.

. . . **E.** Lea estas descripciones de una fiesta "magnífica" que tuvo lugar recientemente.

Ocurrió en Mar del Plata. La noche reunió a políticos, deportistas, artistas, científicos. Hubo premios, tragos, alegría. Comenzó a las 22:30 y terminó al día siguiente, al amanecer en plena playa.

¿Oye la música? Adelante, la fiesta está en lo mejor.

La fiesta inolvidable está por comenzar. En la iluminada entrada del Hotel Amadís, el público espera la llegada de los notables para acercarse a sus ídolos.

Marcos del Río y su señora, Generosa, se lucen bailando un tango de los de antes. El ritmo del "dos por cuatro" fue marcado por la nostálgica Orquesta de Señoritas y aplaudido por las mil doscientas personas que compartieron la inolvidable noche.

Elena Celeste, cantante, y Normando Marsena, campeón del boxeo, en la gran sala del hotel. Elena llegó a la fiesta después de actuar en su exitoso espectáculo de café-concert.

Terencio Peck y su novia, Laurita Merini, comparten la mesa con el director técnico Bruno Luis Castillo. Tema central de su charla: el récord de Peck en el maratón.

La monísima modelo Gigi Novo fue una de las más incansables bailarinas de la noche. Ella aparece siguiendo el ritmo del conjunto.

Elías Cavallero y su novia, Mari Ceci Ricardi, se visten de lo más elegante. Diez puntos para los dos de alegría.

La fiesta culminó de un modo absolutamente adecuado a su brillante informalidad, al borde de las seis de la madrugada. Los deportistas Sixto Colinas y Benjamín Villanueva charlan con el cónsul de Nueva Zelandia Eric Spencer y el diplomático israelí Natán Barjonatán.

Ud. también estuvo allí como invitado(a). Descríbales la noche a sus compañeros de clase. ¿Cómo se vistió Ud.? ¿Con quién asistió? ¿Con quiénes habló y bailó? ¿Qué sirvieron? Describa a las personas que conoció. Si Ud. se enteró de algún chisme o algún escándalo, cuéntelo. Si Ud. gozó de la fiesta, explique por qué. Si Ud. no se divirtió, puede criticar la fiesta.

✻

*E*SCUCHAR

. . . .

*U*ds. han llegado un poco tarde a una fiesta. Parece que la fiesta es un éxito, ya que todos están charlando y divirtiéndose mucho. Hay mucho ruido, pero desde la entrada es posible escuchar fragmentos de varias conversaciones. ¿De qué se tratan? ¿De qué hablan?

Escuchen bien y tomen apuntes.

Para discutir

En parejas, decidan cuáles son los temas generales de cada conversación. ¿Qué discute esta gente? ¿De quiénes están hablando?

Para escribir

Recuerde un fragmento de conversación que Ud. escuchó en una fiesta o una reunión. (Si no puede recordar un fragmento, invente uno.) Emplee este fragmento como punto de partida para drama corto. Escriba un diálogo lleno de intriga y pasión.

*A*CTIVIDADES

. . . .

A. ¡Celebre!

*E*sta clase de español ha sido extraordinaria — Uds. tienen un excelente sentido del humor, son inteligentes, tienen buen carácter, han estudiado mucho, etcétera, etcétera. Por lo tanto hemos decidido darles una fiesta. Solamente pedimos que Uds. la organicen. Puede ser elegante o sencilla y no importa cuánto gastan. Pero tiene que tener lugar pronto.

✻

En grupos de cuatro a seis estudiantes, organicen su fiesta ideal. Tienen que ponerse de acuerdo sobre el día, la hora, el lugar, la ropa, el menú, las bebidas, la música, las diversiones y las personas célebres a quienes quieren invitar. Más tarde, tendrán la oportunidad de presentarles su plan a los compañeros de clase.

B. Estoy orgulloso(a)

Este grupo ha sido tan fantástico que merece un brindis. La verdad es que merece muchos brindis. Cada uno(a) de Uds. tendrá la oportunidad de hablar por dos minutos de sus experiencias en la clase. No deje de mencionar lo sentimental, lo emocionante y lo intelectual.

Ud. tendrá como diez minutos para preparar su discursito. (Si prefiere, puede prepararlo fuera de clase). Luego, en clase (o en la fiesta descrita) a cada uno(a) le tocará hablar. El(la) profesor(a) actuará como maestro(a) de ceremonias.

C. ¡Fiesta, fiesta, fiesta!

¡Tendremos una fiesta hispana en esta sala de clase! Divídanse en comités que se encargarán de la comida, la música y las invitaciones. Un comité se ocupará de la comida y las bebidas. Estas deben ser hispanas — empanadas, tacos, mangos o cosas por el estilo, y el café si la clase se reune por la mañana. Los miembros del comité pueden pedirle a cada estudiante que traiga algo de comer a clase o pueden recoger dinero y comprar la comida y las bebidas. El(la) encargado(a) de la música debe seleccionar música hispana festiva en discos, casetes o radio y llevar los aparatos necesarios a la sala de clase. El comité que se encarga de las invitaciones debe asegurarse de que los miembros de la clase inviten a los hispanos que les ayudaron durante el curso. Estos estudiantes extranjeros y vecinos pueden dar consejos con respecto a la fiesta y tal vez puedan enseñar bailes y canciones. Se necesitarán cuarenta y cinco minutos como mínimo.

La fiesta tendrá varias partes. Primero, irán llegando todos, se saludarán y conversarán (deben usar las expresiones apropiadas). Luego, habrá tiempo para los brindis. Cada uno(a) tendrá la oportunidad de hablar. Después, comerán, beberán y conversarán.

Ahora, ¡a la fiesta! ¡Qué se diviertan! ¡Qué fantástico!

En clase

... **A.** Describa una boda a la que Ud. haya ido. Mencione el lugar, la ceremonia, los invitados, la música y la comida. ¿Se divirtió Ud.? ¿Qué hizo Ud. después de la fiesta?

... **B.** Describa una ceremonia religiosa o patriótica a la que Ud. haya asistido o en que Ud. haya participado recientemente. Mencione el lugar, los participantes o invitados. ¿Qué hicieron? ¿Qué importancia tuvo la ceremonia?

Fuera de clase

... **A.** Daniela Bello, la editora de *Espectacular*, una revista que se especializa en reportajes de fiestas extraordinarias, le pide a Ud., festejador(a) famoso(a), que le escriba un artículo sobre una super-fiesta que tendrá lugar el sábado de noche en la gran sala del Museo Aéroespacial. La editora espera que Ud. describa — con cierta exageración, por supuesto — a los invitados, las modas y su manera de comportarse. Habrá astronautas, industriales, representantes del gobierno, embajadores, estrellas de cine, músicos y científicos. Ud. debe describir el ambiente, la música, la comida, y lo demás.

... **B.** Describa un día que se celebra en esta universidad o escuela. Unos ejemplos serían: *Homecoming*, *Founders' Day* o *Senior Day*. Mencione las tradiciones asociadas con este día. ¿Hay banquetes, bailes, caminatas de madrugada u otras maneras especiales de celebrar? ¿Se lleva ropa de ciertos colores? Sugiera también una nueva tradición para este día que podría empezarse el año próximo.

... **C.** Escríbale una carta a un(a) amigo(a) en la cual Ud. describe su último cumpleaños. Mencione cómo se sintió, cómo lo celebró y qué regalos recibió. Si hubo una fiesta, descríbala. Agregue sus reflexiones sobre los cumpleaños en general.

*A*note las aventuras interesantes y las experiencias importantes que Ud. ha tenido recientemente. Describa en detalle lo que le pasó, cómo se sintió y de qué se enteró. Hable en particular de las fiestas, y los días feriados religiosos y patrióticos.

Si Ud. ha tenido la oportunidad de asistir a una fiesta hispana, descríbala. Si ha investigado algún feriado hispano, resuma lo que aprendió. Si ha asistido a una ceremonia de culto religioso en español, informe sobre lo que vio y escuchó. Si ha hablado con un(a) hispano(a) sobre las fiestas y los días feriados de su país o comunidad, dé las respuestas a las preguntas que Ud. haya hecho.

Después de escribir en su diario, elija las secciones que querría mostrarle a un(a) compañero(a) de clase. En parejas, léanlas y compárenlas.

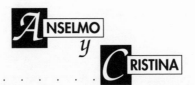

Anselmo y Cristina querrían saber mucho más sobre los días feriados norteamericanos. Creen que aquí éstos son bastante distintos a los de su país. Le agradecerían mucho a Uds. si les pudieran decir cómo se celebran aquí:

◆ *New Year's Day*
◆ *Ground Hog Day*
◆ *Memorial Day*
◆ *Independence Day*
◆ *Labor Day*
◆ *Halloween*
◆ *Thanksgiving*

También les interesa saber cómo se festeja aquí los cumpleaños. Con un(a) compañero(a) o en grupito, redacten las explicaciones para Anselmo y Cristina.

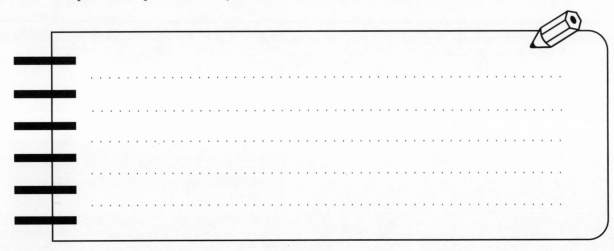

PREGUNTAS

. . . .

. . . **1.** Cada nación insiste en celebrar sus días feriados nacionales. ¿Por qué se celebran acontecimientos que tuvieron lugar hace siglos y personajes que murieron en una época lejana? ¿Cuáles son los días feriados norteamericanos populares ahora? ¿Cuáles son algunos días feriados de otros países?

. . . **2.** En casi todas las religiones, hay ritos que conmemoran las etapas de la vida como el nacimiento, la entrada en la comunidad religiosa, el casamiento y la muerte. Describa algunos ritos de su religión o de otra religión.

. . . **3.** ¿Por qué hay tanta publicidad sobre las fiestas, especialmente cuando se trata de las de la gente adinerada o las estrellas de cine?

. . . **4.** Ahora en los Estados Unidos está de moda gastar miles de dólares en las bodas. A menudo se empiezan las preparaciones con más de un año de anticipación. ¿Por qué se gasta tanta energía y tanto dinero en una ceremonia y una fiesta o recepción que duran unas pocas horas?

. . . **5.** ¿Qué comida y bebida sirven en una fiesta estudiantil? ¿Una fiesta de grado? ¿Una boda? ¿Un cóctel? ¿Un velorio? ¿Qué diferencias hay entre lo que sirven los varios grupos étnicos?

. . . **6.** ¿Está Ud. de acuerdo con estos puntos de vista? Defienda sus opiniones.

    a. Cuando uno(a) va a cualquier fiesta, uno(a) se debe vestir de acuerdo a la ocasión.

    b. Para que una fiesta sea buena, es necesario servir bebidas alcohólicas.

    c. Uno(a) debe invitar a todos los parientes a una boda.

    d. Los días feriados como el 4 de julio y *Veteran's Day* sólo sirven de pretexto para no ir a trabajar; carecen de otro significado.